品集萃丛书·时光不老系列

光是

青春的五线谱

《中学生博览》杂志社 选编

时代文艺出版社

图书在版编目（CIP）数据

时光是演绎青春的五线谱 /《中学生博览》杂志社
选编. -- 长春：时代文艺出版社, 2021.6
（青春美文精品集萃丛书. 时光不老系列）
ISBN 978-7-5387-6668-4

Ⅰ. ①时… Ⅱ. ①中… Ⅲ. ①作文－中小学－选集
Ⅳ. ①H194.5

中国版本图书馆CIP数据核字(2021)第072812号

时光是演绎青春的五线谱
SHIGUANG SHI YANYI QINGCHUN DE WUXIANPU

《中学生博览》杂志社　选编

出 品 人：陈　琛
责任编辑：王金弋
装帧设计：任　奕
排版制作：隋淑凤

出版发行：时代文艺出版社
地　　址：长春市福祉大路5788号　龙腾国际大厦A座15层　（130118）
电　　话：0431-81629751（总编办）　0431-81629755（发行部）
网　　址：weibo.com/tlapress（官方微博）　sdwycbsgf.tmall.com（天猫旗舰店）
开　　本：880mm×1230mm　1/32
字　　数：135千字
印　　张：7
印　　刷：三河市嵩川印刷有限公司
版　　次：2021年6月第1版
印　　次：2021年6月第1次印刷
定　　价：36.00元

图书如有印装错误　请寄回印厂调换

编 委 会

Contents
目　录

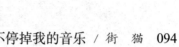

青春歌谣

与阳光为伴

少年乘风远

谁的青春在唱歌

拍戏的那些小事

坏坏小狐狸明

拍戏能赚很多钱吗？

面试选角有潜规则吗？

剧组工作到底是怎样的？

……

既然你诚心诚意地问了，我就大发慈悲地告诉你拍戏的那些小事。

我第一次拍戏，是在大二的暑假。

报　名

本来是朋友约我一起去×市玩，但我恰恰就很巧地在我们出发的前一晚偶然地看见了×市电视台的招聘广告。当时省台很火的方言剧栏目即将开拍"×市专辑"，要从广大群众中选取一些演员，报名截止时间就在第二天！

我就这样搭着缘分安排的末班车去报了名，然后进了面试。

面　　试

面试在×市电视台，之前我从未想过会走进这里。

当心花怒放的我走进会议室，看见满满当当一屋子的候选人时，心情从兴奋瞬间跳到了紧张和忐忑的频率。

面试主考官是省电视台来的两位导演。

一位女导演很年轻，像是刚从大学毕业没几年的样子，戴一副很大的黑框眼镜，遮了半张脸，说话的语调和她的表情一样冰冷。

另一位男导演是个萌萌的大叔，话不多，不怒而威，却有亲和感。

女导演向萌大叔请示后，面试就开始了。

由于面试人数众多，所以流程简化为每人三十秒自我介绍和一段一分钟内的自备剧目。女导演特意强调，不可以是唱歌跳舞等其他才艺，必须是表演。而且由于栏目组经费有限，所以这次入选的演员只包食宿和接送，没有片酬。

在一片哗然中面试开始了，虽然导演已经宣布了没有片酬，但却没有人因此而离开，可见这么多人都是对演员梦有着深切的热爱和追求啊！

在校舞蹈队待了一年，已经参加过一些大小演出的我此时完全平静了下来，趁着等候的时间，我跑到卫生间，对着镜子念了下台词，迅速调整好状态，然后上场。

我模仿了偶像白灵在电影《安娜与国王》中法庭指控那场戏，这场戏情绪起伏较大，在短时间内很有冲击力，我一边念台词，一边把目光从周围的人慢慢转移向导演，有个观众在和我目光相接的时候全身触电似的一抖，我就知道我的感染力出来了，顺势就把声调提高，当我和萌大叔导演目光交会时，我发现他已经有给到我回应，于是我就对着他，把情感一下子爆发了出来。

我的表演结束后，现场响起热烈掌声，两位导演对视了一下，依然面无表情，只是重复了和其他人一样的话语："回去等通知吧，两天内会给你们电话的。"

我这才紧张了——难道我没选中？

等 待 通 知

无比煎熬的两天。

朋友先回去了，我一个人留在×市等通知。坐立不安，辗转反侧，度秒如年。

第二天下午，我都做好落选的心理准备了，安慰自己大不了就当作一次学习的机会，正要去买回县城的车票时，电视台的电话来了！叫我现在过去拿剧本，明早开拍。

啊！挂了电话，我高兴得乱蹦乱跳，在路人一脸"这人出门忘吃药了"的表情注视中，兔子一样蹦向电视台。

正 式 拍 摄

那天面试只录取了两人，被录取的另一个女生是重庆大学影视学院的。

我被选进了萌大叔的剧组。剧组里其他演员要么是市文联、文化馆的老师，要么是市电视台或电台的主持人，要么是我们当地小有名气的演员，我瞬间感受到无比高大上的荣光！

要说我遇到的潜规则，也就只能算这个了吧——内定演员。内定有多方面的因素，但最重要的原因还是为了保证拍摄工作顺利完成。后来拍摄进行起来我才明白，专业人做专业事，跟着专业的老师们演戏，我们几乎很少NG，很多镜头都是一两条就过了，有一场戏是我和另外两个专业演员的对手戏，由于我经验欠缺，那场戏就咔了好几回，越咔我越紧张，幸好在其他老师的指导下，我终于找到了感觉，才在第七次时过了，当时一身冷汗，简直怀疑自己。

我们拍的是生活情景短剧，一个剧本的拍摄预估时间只有两天，如果过多选用没有基础的群众演员，是无法按时完成拍摄进度的。

为何当时能那么幸运？很多年后，我才明白不是我选择了这个机会，而是这个机会选择了我。

拍这种戏最大的好处就是成本低。服装，就穿平时的衣服；场景，现成的，可以直接拍；要拉赞助啥的，广告植入也很方便，比起古装戏限制少了很多。

拍摄地点在郊区的少数民族山庄，距离并不远，可是路太烂，一路爬坡上坎跟坐碰碰车似的，下坡就像云霄飞车了，多亏老司机技术好，把我们平安送到。

开拍了我才明白什么叫"场次"和"对手戏"。

我们看见的影视剧成品是按故事发展情节走的，但拍起来可不是这个顺序哦！

剧本是分场次写的，会具体到哪个场景有哪些人物，在什么场合，有什么特殊道具等等，然后从人物最多的场景、戏份最少的配角的戏开始拍，这样他的戏份拍完就可以先走了，剧组也可以少付一个人的食宿费用，降低成本。

对手戏，是两人（或多人）要在一个场景内面对面表演的部分，所以，虽然一部剧演员很多，可要是两人没有对手戏，说不定他俩在拍戏的过程中根本就没见过面。

剧组里谁最累

我觉得在拍摄过程中最累的是摄影师。

演员可以动，没戏的时候可以躲在一边休息。

导演也可以躲在荫凉处看监视器。

但摄影师要扛着那么重的"长枪短炮"围着演员跑来跑去，为了选好角度爬树上墙，钻沟下地，用尽各种姿势来摆弄那些"吃饭的家伙"，好不容易定好点儿，往往就在太阳的暴晒之下，一天下来，晒成一只活生生的麻辣小龙虾。

有个场景老取不好镜头，于是萌大叔导演亲自上阵，窸窸窣窣爬上树去，两腿夹着树干，肩扛着摄影机，探出上半身来，以猴子捞月的姿势拍了这组镜头，这还只是在拍生活情景剧，不是拍武侠片啊！

旁边看热闹的群众说：拍戏的是疯子，看戏的是傻子。她说得好有道理我竟无言以对！

剧本也是会随拍随改的。

第一天有几场夜戏，所以晚上导演和相关工作人员留在山庄继续拍，然后我们没有夜戏的人被安排送回市区。

第二天，我一大早准时去电视台报到，老司机把我接到山庄之后，我才知道为了赶进度，早上有两场本来是我的戏已经被删掉了，现在我们只需要把和昨天有我镜头

谁的青春在唱歌

《《《

007

的、需要连戏的戏份拍完就可以收工了。我虽心有不甘，但是无可奈何。

后　来

暑假结束回到西安继续上大学的我，在国庆假期接到朋友从成都打来的电话，说看到省台第二频道在播我的戏，好笑得要死，叫我快看。我提醒他，出了省都看不到这个第二频道哈，但我们拍的本来就是情景喜剧，你笑了就说明我演得好，我成功了。

我一直等到寒假回家过年才终于看见了市电视台重播我的处女作，当时我想给导演打个电话拜个年，这才想起杀青（拍摄结束）那天晚上，我们回到市区后，导演和我们一一握手告别时，晕车晕得站不起来只能趴着树的我，竟然忘了留下导演的联系方式。

更年期老哥的青春期老弟

十一醉

更年期老哥

我叫潘多俊，今年二十岁，坐在我对面拽得跟二百五似的小子是我弟，名叫潘少希。

今天一下课，他就把我带到了奶茶店里，一脸严肃地说："为了报答你的救命之恩，我决定送你份生日礼物，你想要什么，说吧。"

所谓的救命之恩，其实是一个颇为悲伤的故事，昨天一起玩《英雄联盟》，他被三人围攻，我冲了上去一通乱砍，最后他成功回城而我挂了。

直到刚才为止我还在为昨天不小心手滑走错了位而心碎，但现在，我的心情豁然开朗。

"你哥我也不是个贪心的人，但你看我青春期都过了，也还没找着女朋友，你是不是应该义不容辞地帮助一下我？"

潘少希了然地点头，"我这就给你上淘宝买个。"

买什么鬼！我要的是女朋友！活生生的妹子！

我立刻炸毛，站起来扳着他的头扭转60度，指着正在喝奶茶的女神对他说："那个妹子是你们班的吧？我注意她很久了，我要她！"

也许是我音量过大，女神似有所察，皱着眉看向了这边，我连忙收回手指装出四处看风景的样子，但我那较真的弟弟却是窜了过去，一脸嚣张地报告："薇亚，我更年期的老哥说他想要你，赶紧跪下从了。"

"谁更年期了！"等等，重点是不是错了？

"你刚不是说你过了青春期？青春期后面不就是更年期了吗？"

我一时竟无法反驳，因为我完全想不起来这两个中间还有啥别的期，我手足无措之际，女神薇亚笑了，"少希他哥，你真萌，不像有些人……"她不屑地瞟了眼潘少希，继续道："不过想追我，可是很困难的。"

这又是一个悲伤的故事，薇亚从小到大就没从女神宝座下去过，于是乎，虽然大把人暗恋她，却鲜有够胆行动的，就算有，也都是些奇葩，这就直接导致了薇亚和我一样，从没谈过恋爱，所以作为一个少女，她对恋爱仍旧抱有许多不切实际的幻想。

说她不切实际，是因为我反问一句"有多困难"之后，她告诉我，她希望经历一场轰轰烈烈的爱情。

我刚想背诵一段肥皂剧台词以表达我对她的死心塌地，潘少希就一拍桌子站了起来，"李薇亚，你这是在挑战我吗？好，我接受你的挑战！"

等等，谁要挑战你啊，是我要追求她吧，你那么激动是闹哪样？

正当我腹诽个没完没了时，潘少希突然握住我的肩膀，充满斗志地承诺："潘多俊你放心，我一定帮你追到她，然后在你生日那天把她装进礼盒绑上蝴蝶结送给你！"

呃，既然如此……那就先谢谢了。

自编自导自演

潘少希回家后就热血澎湃地和我制订了作战计划。

首先，第一步，英雄救美。

潘少希有一帮小弟，是玩《英雄联盟》时认识的，为了升到黄金等级他们答应友情客串小混混。

我们的预想是，李薇亚放学在小巷里被堵，我威风凛凛登场，但很可惜我们低估了女神的魅力，也高估了自己的智商。

我们都以为英雄救美这种拉风招数除了我们别人都想不出来，但很不幸的，我们和别人撞招了。

女神同时被两队人马堵住，但她没半点儿惊慌，反倒是两拨群众演员隔空叫嚣起来。

"你们哪儿的啊，不知道先来后到吗？"

"那么嚣张，找死是吗？"

一言不合两队人马打了起来，我赶紧上前把薇亚拉出来，雄壮威武地道："别怕，我会保护你的！"

另一队人马的"英雄"也迅速登场怒瞪我，"你谁啊，薇亚应该由我来保护，你一边玩去！"

我望了眼那比我高一个头，胸肌还会动的大汉，彻底震惊了，现在的年轻人也发育得太好了吧？

正当我琢磨着自己和他争抢保护薇亚的权利会有啥后果时，躲在一旁的潘少希看不下去了，他冲过来戳着那汉子的胸肌骂道："他是我哥，你再说一句试试！"

年轻大汉抡起胳膊就想干架，潘少希不屑地撇嘴："都什么年代了还靠拳头解决问题，有本事上《英雄联盟》单挑，我ID是酷炫狂霸拽，有种来啊！"

汉子一听，立刻蔫了，"大神……我我我把薇亚让给你哥保护，你明晚带我飞可好？我ID是不给德玛送人头！"

潘少希爽快地答应了，汉子立马笑逐颜开地指挥着小弟们撤退，客串小混混的少年们见对方离开了，也功成身退隐到幕后，一时间小巷里只剩我们三人。

我悲愤地捂着脸想，薇亚看了这么出闹剧，肯定觉得我和他们一样弱智了。

可谁知她只是瞥了潘少希一眼，然后挽住我的手臂娇俏地道："多俊欧巴你好棒，让我好有安全感！"

我当场石化，女神你的矜持呢？

潘少希更是很不给面子地扶墙干呕起来，薇亚瞪他一眼，又摇着我的胳膊撒娇，"多俊欧巴，为了报答你的救命之恩，人家就勉为其难地跟你约一次会好了，这个星期六我们一起去玩如何？"

没想到冥冥之中竟与我们的计划不谋而合，何不将计就计？

肥皂剧神器摩天轮

我们计划中的第二步是这样的，借英雄救美之恩约女神去游乐场坐摩天轮，进一步发展。

为了避免突发状况，潘少希特地跟着我们一起去，只不过不让薇亚看到罢了。

女神都是不可貌相的，薇亚也不例外，我建议去坐旋转木马，但她面不改色地拉着我坐完了过山车、跳楼机、海盗船……

一轮下来，我感动地发现自己还活着。

"薇亚，玩了那么久，我们歇一歇吧，你坐在这儿，我去买个雪糕来让你吃。"

"不，其实我不累……"

薇亚刚出声就被我摁住肩膀压在了椅子上，我扬起大大的笑脸，完全没给她说话的机会，"别逞强了，我懂你的，我这就去买雪糕，你等着啊！"然后一溜烟地跑到不远处的小卖部。

我回头看看薇亚，发现她拿出了手机在玩根本没注意这边，于是我放心地打了个电话给潘少希，"怎么办，她完全没有要玩摩天轮的意思，我要怎么跟她说等摩天轮升到最高点表白就会得到幸福的故事！"

"看来没我出马真的不行，我太了解她了，用激将法绝对能行！等我马不停蹄地飞奔到你那儿！"潘少希得意扬扬地说完就挂了电话。

五分钟后，我就带着他回到了薇亚面前。

她抬眼看了下潘少希，一脸嫌弃，"你来干什么，患有重度恐高的家伙只能玩旋转木马吧？"

不，身为潘少希的哥哥我太了解了，坐旋转木马他绝对会晕然后会吐。

但弟弟是来给我助阵的，我不能落井下石！

"我弟弟今天就是来挑战自身的，我们应该支持他鼓励他帮助他走向人生巅峰。"我一副"中国好哥哥"的表情，潘少希听了很配合地表示："李薇亚，别以为我不知道，你也有恐高，我们来比赛坐摩天轮怎样！”

恐高？我望了眼刚刚玩完各种高难度刺激游戏的李薇亚，深深怀疑一根筋的弟弟被骗了。

但薇亚只是微微一笑，胸有成竹地说：“我只是轻微恐高，刚刚我连跳楼机都玩了，还会怕摩天轮？”

“附加条件，不准闭眼不准尖叫。”潘少希补充完条件后，我看到薇亚脸都白了。

原来她刚刚和我玩那些游戏都闭上了眼吗，虽然我也是全程闭眼尖叫，但女神你恐高还要玩跳楼机是有多跟自己过不去，今天你才是来挑战自我的吧！

我默默在心里吐槽完，便摆出温和的表情道：“那我们去玩摩天轮吧！”

然后我们三个就一起买票上了摩天轮，等我发现情况与预想的完全不同时，已经迟了。

我明明只想和喜欢的女生单独相处，在浪漫又暧昧的气氛下，趁机让她答应我的表白，但现在多了一个第三者，怎么想怎么奇怪啊！而且摩天轮才刚刚开始上升，薇亚和潘少希就眼含热泪一人抓着我一边手一言不发目视前方，这下别说什么气氛了，根本连坐摩天轮的乐趣都没有了……

但我不能坐以待毙，我要扭转现在的局面，“你们很害怕吗？约定只是说不闭眼，但如果把头埋进我怀里，就不算破坏约定吧？”我张开双手，笑得很温柔，来吧，薇亚，快投进我怀抱吧！

"呵，区区恐高症想迫使我屈服吗？只有小女生才会害怕得躲在别人怀里，李薇亚快去吧，我哥的怀抱等着你！"

等等，老弟你确定你不是故意的吗，你这样说她会投进我怀抱才有鬼好吗！

果不其然，心高气傲的薇亚为了表示自己比潘少希更胜一筹，干脆连我的手臂也不抓了，"胆小鬼是你才对吧，那么大个人了，还抓着自己哥哥的手臂，丢人不？"

潘少希咬了咬唇，委屈地瞅了我一眼。

从小和他一起长大，我知道他的恐高比一般人都严重，自从六岁他从二楼阳台摔下去过后，就变得就算是站在大概二楼的高度向下望都会晕厥。

可想而知，为了我们男人之间的约定，他是付出了多大的勇气才坐上摩天轮的，所以我不能这样伤害他！

"弟弟，我好冷！"我用了个最拙劣的借口一把抱住潘少希，他立刻紧紧抓住我的衣襟附和道："我也冷！"

如果我是女生，大概会像我们大姐那样，说出一堆听起来很有道理的理由，但可惜我和潘少希都是神经大条又笨拙的男生，哪怕知道这个刚刚脱口而出的对话已经让薇亚捧腹大笑，我们也不晓得要用什么话来补救自己的形象。

所幸，我看上的女生还是很有爱的。

薇亚只笑了两分钟，随即也扑了过来，"潘少希你滚开，我是女生，你要让我！"

"我恐高！"

"我也恐高！摩天轮就快升到最高点，刚瞄了一眼，我腿软了！"薇亚毫不客气地推开潘少希，然后钻进了我怀里，紧急关头潘少希也没心思争了，他退而求其次地抱住薇亚把头埋在她背上，但死活不肯闭上眼。

面对这兵荒马乱的场景，作为在场唯一一个没有恐高的人，我油然生起一股优越感，在自信爆棚、勇气爆棚的情况下，男生就容易头脑发热，于是我气沉丹田地开口："薇亚，我的怀抱是不是很温暖？听说摩天轮升到最高点表白就会得到幸福呢，我喜欢你，你要不要当我女朋友，不答应我就推开你哦！"

薇亚抬头，露出了暴走漫画里无语的表情，但很快，心思百转千回的少女反应过来露出了奸笑，"潘少希，现在你不答应当我男朋友的话，我就把你推开。"

什么？当时我就震惊了，这又是在演哪出，我才是男主角好吗？

由于我忙着震惊，没有及时阻止，等潘少希着急地嚷出"我啥都答应，不准推开我"这句话时，我就明白大势已去……

谁的青春在唱歌

再好的兄弟也是会吵架的

我们三人最终都平安地从摩天轮下来后，我懂得了两个道理，第一别和有恐高症的人一起坐摩天轮，第二防火防盗防兄弟。

"哥，你听我说，事情不是你想的那样！"潘少希揪紧我领子冲我大吼。

我抹掉他喷到我脸上的唾沫后，才捂住耳朵大叫："我不听我不听我不听！"

薇亚见状，直接上来推开潘少希，然后拍着我的肩膀说："天涯何处无芳草，何必要来挖墙脚？在你看上我之前，我就看上你弟了。"

事情是这样的……算了，我不想转述，反正你们的眼睛是雪亮的，估计都猜到了薇亚和我弟那点儿猫腻，就只有我这个木头脑袋毫无所觉，所以你们自己脑补一下"因为我哥哥喜欢你，为了义气我不能和他抢"之类的狗血剧情吧。

斗志盎然地为初恋制定了作战计划，计划还难得顺利地进行，结果表白紧急关头我就失恋了，这是什么烂剧情！谁设置的赶紧出来，我保证不打死你！

啊，这碎了一地的不是玻璃，而是我的少年心啊！

听完薇亚的解释我更伤心了，当下也顾不上别的，用力推开薇亚和潘少希我就逃开了，我本意是想华丽地奔跑在夕阳下，让他们目送我落拓不羁的背影，但谁知一个不留神摔了个狗啃泥。

潘少希连忙上来扶我，被我一把甩开，"你走，我不要再见到你！从今天开始，不要跟我说话！"

他大受打击地看着我，"我本来就不想跟你抢，可感情这事不能勉强！"

我没有理会他，重新站起来再次跑开，这次我很顺利地逃回了家里，并且在接下来的日子里，很有骨气地没再和潘少希一句话。

也许是因为我，潘少希和薇亚最终还是没在一起，即便在摩天轮上他已经答应了，但据我观察，最近潘少希总是故意躲着薇亚，惹她黯然神伤。

我还在想要不要乘虚而入，李薇亚竟亲自找上门来了，但她不是来投入我怀抱的，而是给我下战帖的，"潘多俊，你不是对我有意思吗？那好，你去和潘少希来场一对一篮球赛，赢的人就和我在一起！"

我答应了，因为男人的自尊不容许我拒绝。

我和潘少希面对面地敌视对方，第一局由我先发球，我运动神经不如潘少希发达，但我投篮还是没问题的，于是我没有和他拼运球技巧，直接三分线起跳扣篮拿下一分。

接下来这局我还想用这招，但潘少希识穿了我的意图，在我起跳前就夺走了篮球，利落地越过我投篮得分。

目前平局，但我明白我不可能赢得过潘少希，所以在他上来夺球的时候，我故意撞倒了他。

潘少希狠狠地摔在地上，嘴巴磕出了血，而我则在众人鄙视的目光下成功将球投入篮框内。

"我知道，我根本不可能赢你，从小到大，你成绩比我好人缘比我好，就连玩游戏都比我好，但我无所谓，反正我不在乎，你爱怎样就怎样，跟谁在一起更与我无关，别再来烦我。"我蹲在他面前闷声说完就离开了，在经过李薇亚身边时更是冲她撂下一句，"还有你，别多管闲事。"

别以为我是软包子，其实我也是很骄傲的，哼。

兄弟终究是兄弟

那天晚上，潘少希没回家吃饭。我本来很有傲骨的，但不知为何总有股淡淡的担忧挥之不去，这间接导致了我晚上食欲不振。

妈妈见了还特别关心地问我："是不是少希不在，你觉得寂寞吃不下饭？话说他今晚怎么那么晚都还没回家，你出去找一下他啊。"

我反射性地想回一句"你才寂寞，你全家都寂寞"，但随即意识到说这句话的是我的谁之后，我只能翻着白眼道："我才不去，那么大个人了还能被拐跑不成？"

就在我晃神之际，手机收到一条微信，是李薇亚发来的语音，一点开，她惊慌失措的声音就传了出来："潘多俊，你快到学校这边来，我和少希刚结束社团活动，他就被个大汉围堵了，我看情况不对，现在去找校警了！"

一听完，我就反射性地向外跑去，"妈，我出去找潘少希了！"

"喂喂，你脸上的饭粒啊饭粒！"

关于选择题的答案

我匆匆赶到校门口时，就看见那天和我撞梗，争着要保护李薇亚的汉子，带着一群小弟把潘少希逼进了一条小巷。

我没想到会有那么多人，一时竟有些胆怯，只敢躲在一旁偷看。

只听那汉子悲愤地吼："那天明明说好带我超神的，结果我等了好几天都没看见你上线，出尔反尔你还是男人吗？因为这件事害得我心情不好，每次打游戏都输，今天我不教训教训你，我都心情都好不起来了！"

然后他大手一挥，小弟们就把潘少希团团围住了。

我觉得就我一个人，打也打不过，还不如学李薇亚那样去搬救兵，但不知为何，脚似乎有意识地定在原地，迈也迈不动。

　　虽然在长达二十年的光阴里潘少希的优秀让我受尽了长辈的数落和同辈的嘲笑，他还扼杀了我的初恋，但……

　　脑海里蓦地闪过这二十年各种片段，如果说人生可以剪辑成一本影集，那么我的每张照片里，肯定都有潘少希这个臭小子。

　　所以……我自己的弟弟，怎么能让除了我以外的人欺负！

　　"喂，我已经叫校警了，你们最好赶紧离开！"

　　我硬着头皮上前护住潘少希，汉子哼了一声，"这种借口我都听过几百遍了，更何况等校警来到估计我们都教训完了！"

　　于是他的小弟们又立刻把我们围了起来，还开始动手，我和潘少希寡不敌众，很快就处于下风，脸上也挂了彩，不知是谁绊了我一下，我摔倒在地上，混混们纷纷上前踢我，混乱中潘少希扑到我身上，硬是帮我挨了不少揍。

　　这时，一道尖锐的哨子声吹响，汉子神经反射地叫了声："快跑！"那些小弟就跟着他一窝蜂地撤了。

　　带着校警赶到的李薇亚将我们扶了起来，见到她我又开始闹别扭，傲娇地甩开了她的手，"我就是碰巧路过，现在没事了，你们聊，我回家。"

　　可刚走没几步，李薇亚就挡在了我面前，"这事都是我的错，潘少希要把我让给你，我不乐意，就处处跟他较劲儿找他的茬儿，你真以为你们想的那个英雄救美能感动我？我告诉你这招在我们女生看的言情小说里早就用烂了，要不是我想气潘少希想让他吃醋，我会答应跟你出来？现在我给你两个选择，一是心甘情愿笑着和那家伙和好，二是被我逼到哭着和那家伙和好，你看着办吧。"

我瞪着李薇亚，目光里传达着"我堂堂男子汉岂能屈服于威胁"这样的讯息。

"李薇亚你别多管闲事……"潘少希还没说完就被薇亚打断了，她理都没理他，直接和我谈判："这样吧，你再找个心仪的女生，我和潘少希一起帮你追！还有你们不是经常玩《英雄联盟》吗？我晓得你们玩那个游戏还要存钱买英雄啥的，只要你原谅他，我就给你充金币买一个新英雄怎样！"

"我是个很有骨气的人，怎么会为了买一个游戏人物而玷污人格……"

"我给你买两个新英雄。"

"成交！"我果断喊完，扭捏了一阵才上前揽过潘少希的肩膀，"我大人不记小人过，原谅你了……"

潘少希还是愣愣的，估计在他的认知里，我应该还会折腾久点儿，毕竟这红果果的就是一道"女人和兄弟你选谁"的选择题，他做足了心理准备交上兄弟这个答案，但他没想到，我最后的答案，也是兄弟吧。

毕竟，我游戏要升到黄金等级还得仰仗潘少希啊，兄弟之间的小别扭，闹闹就算了嘛！

别人家的孩子沈言悦

闻人晴

1

每天早上去学校后院的杨树下踢五十个毽子的我必须要做的事。就像野猪大改造里的修二必须摸一下那棵柳树一样，不管别人有没有办法理解，这是我保持一整天精力充沛的秘密法宝。

虽然我自己这么说不太好，但是我在班级里真的很受欢迎，只要我一进教室，就会有一群人围上来和我说话。

当然，我的好人缘和我自身的天赋是完全分不开的，我善于观察人，知道每个人的喜欢什么，爱听什么话，不费吹灰之力就能讨好每一个人。

对我来说，这就像是游戏攻略一样，每一个人都是一道关卡，可谁知道一点儿难度都没有，害我觉得生活好无聊。幸好还有杨树和毽子，不然我真的对生活提不起兴趣了。

生活总是喜欢给人意外的惊喜，在我习惯了这样没有挑战的无聊生活之后，学校里转来了一个十分特别的转校生。

之所以说她特别是因为这个人天生有一种让人无法忽略的气场，当然这种气场并不是那种好的气场，而是让人感觉十分不舒服的气场。

据我推测这个人的人缘肯定会很差，被孤立是迟早的事。到那时候就该轮到我出场了，帮助她改造成为一个受欢迎的人，对我来说也算是一个新的挑战……这个剧情怎么那么像野猪大改造？

然而事情和我想的大相径庭。沈言悦的人缘一点儿也不差，一时间反而比我还要受欢迎。这下我心理不平衡了，好歹我的人气也是靠自己的努力一点点地赚来的，她凭什么刚来就这么受欢迎了？

原来这个沈言悦并不像看上去那么简单，她家是戏曲世家，她从小就开始练习唱戏，京剧粤剧黄梅戏样样精通。最重要的是她参加过不少比赛拿了不少奖，而且在中央电视台戏曲频道露过不少次脸。

她上过电视，这就是她受欢迎的原因。像我们这么大年纪的孩子从来都不喜欢戏曲，但是家里有爷爷奶奶的免不了喜欢听戏，于是班里立刻就有同学认出来了。再加上学校敲锣打鼓地迎接这位"为校争光"的优等生，想让人不知道都难。

虽然剧情有点儿跑偏，不过我还是找到了新的挑战——人气大比拼，我倒要看看，这个唱戏的到底有多受欢迎。

2

俗话说外来的和尚会念经，更何况这个和尚还上过电视拿过奖，所以大家的注意力一时间全都放在了沈言悦的身上。

然而这种新鲜感只是一时的，她身上那种不招人待见的气场很快就使大家厌倦了她。

"什么嘛？不就是上过电视吗？看她拽的那副样子？"

"要不是我爷爷爱听戏，能有几个知道她的？"

"她还真把自己当明星了啊？"

不仅仅是厌倦，就如我最初预测的，沈言悦很快就被孤立了。可惜了我那人气大比拼，还没开始就分出了胜负。不过也好，我可以开始改造她了。

于是我以一副救世主的姿态出现在了沈言悦面前，好言相劝道："你这样又是何必呢？得罪了他们你自己的日子也不好过。"

谁知她连眼皮都没抬，回答道："我没得罪他们，而且我现在过得非常好。"

这人真是傲慢得让人想给她两拳。也是，毕竟现实不是电视剧，没有人会因为看不顺眼就那么过分地欺负谁，班里的同学最多就是在背后嚼嚼舌根，只要她听不见就对她造不成任何影响。

"你真把自己当明星了？所以瞧不起班上的这些同学？"我刚问出口就后悔了，向来我都是秉承着八面玲珑的处世原则，不该管的闲事坚决不管，不该说的话坚决不说，可是刚刚这句话摆明了就是没事挑事。

不过这句话问出了大多数同学的心声，他们都屏声把注意力转向了我们这边，教室里一时间鸦雀无声。

沈言悦终于舍得抬起眼皮看我一眼，道："我从没瞧不起过任何人，别把你的想法强加在我身上。"

想不到这唱戏的嘴皮子还挺厉害，听她这么说还是我的不是了？

我反击道："那你为什么对所有人都是一副爱理不理的样子？大家好心跟你说话你就这样对待别人？"

她直视着我，认真地说道："每个人跟我说话我都有好好回答，但我不是猴子也不是鹦鹉。"

这句话她说得我莫名其妙，我一头雾水朝地环顾四周，看见同学们闪烁的眼神和尴尬的神情时，稍微明白了什么。

大家对沈言悦的热情和对我的热情完全不同，对我热情是因为我讨得了他们的欢心，所以他们喜欢跟我相处；而对沈言悦，则是"听说这人上过电视"的好奇和一些坏心眼儿的嫉妒。

3

相信大家对一种人永远保持者抵触的情绪——老师眼中的优等生，父母口中的"别人家的孩子"。

显然沈言悦的身上包含了所有"别人家的孩子"该有的特征，成绩好，乖巧挺好，而且还有特长，得到了不少荣誉。

单凭以上几点就足够班上的同学对她抱有敌意了，更何况这家伙眼高于顶，从来都不知道夹着尾巴做人，傲慢得连我这么好脾气的人都忍不了。

综上所述，所有的人都对沈言悦敬而远之了。

尽管我很想追求有挑战的生活，但我也没有无聊到要去踩沈言悦这颗地雷。如果不是接下来发生的这件事，我猜我永远都不会和沈言悦扯上关系。

这天放学，于泽在班级张罗去KTV唱歌，这种场合怎么少得了我？可是我真心地不想去。于泽这家伙每次出去玩都不带钱，一到付账的时候就让我交钱，上次出去玩的钱还没还我呢！

于是我做出十分遗憾的样子，说道："今天放学李老师让我去他办公室一趟，估计又要帮他干活了。"

"对啊，看到李老师一定要绕道走，他最喜欢使唤同学了。"

然后大家的话题就从唱歌转移到了对李老师的抱怨上。

这并不是问题的关键。之后我等到大家都回家之后才松了口气，正准备收拾东西回家的时候，竟然碰巧遇到了回到教室的沈言悦。

"刚刚李老师一直在跟我谈话。"

乍一听这句话可能不明白其中的意思，但是我清楚得很，沈言悦这是在拿刚才的事情威胁我。

"我以为你一直都不屑于管这种闲事的。"我语气略带嘲讽地说道。

她没理会我，继续淡淡地说道："你不想去可以直接说。"

"直接说？"我冷哼一声，"你以为别人都跟你一样死脑筋？那种既扫兴又得罪人的事我才不会做。"

"因为这么一点儿小事就会破坏的友情，你不觉得很廉价吗？"

直到沈言悦的身影消失在教室中，我才想到该怎么回答她：那根本就不是友情，只不过是攻略游戏而已。

4

那天之后日子一直过得风平浪静。我有些意外沈言悦竟然会为我保守秘密，但想想也在意料之中，她从来就不是那种喜欢搬弄是非的人。

可是沈言悦的日子注定不会平静。市里要举行青少年才艺比赛，各个学校都会推荐有才艺的同学去参赛，获奖的同学能得到市级的获奖证书，还能得到学校的嘉奖。

由于推荐名额有限，学校率先为沈言悦保留的名额，其他的同学则通过正常的竞赛方式取得参赛资格。

这个决定引起了除沈言悦在外所有同学的不满。其实稍微想一想就知道学校的决定没错，沈言悦曾经多次得过国家级的奖，所以这次市里的比赛能够为校争光是毋庸置疑的。

可是像我们这么大的孩子，明事理的实在太少了。更何况那个人是全民公敌——别人家的孩子沈言悦。

学生们闹个不停，老师们选择视而不见，学校也对这件事没有任何解释。

我以为至少沈言悦会主动站出来，说愿意和其他同学公平的竞争参赛的机会，可是她没有。于是同学们对她的意见越来越大，已经从最初的嚼舌根演变成更加恶劣的当面冷嘲热讽，可是都被她选择性地无视掉了。

令我难以理解的是，处于水深火热中的人是沈言悦，可是我却感觉到了前所未有的压力。

现在踢五十个毽子已经完全没办法让我打起精神了，每天甚至天还没亮的时候我就会翻墙进到学校里踢毽子，一直踢到有同学来上课。

我想可能是最近班里剑拔弩张的气氛导致的我压力山大，也许等到才艺比赛结束就没事了。然而这时，班里的矛盾已经发展到不能控制的局面了。

几个同学把沈言悦团团围住，厉声道："你倒是唱啊！厚着脸皮占名额，至少也唱一句给我们听听啊！"

"一个唱戏的成天把自己当成大腕，真让人看着不爽！"

让我最感到震惊的是，周围的同学对这么明显的欺凌事件视而不见，竟然没有一个人站出来为沈言悦说话。

"别这么说，她有才华能为学校争光是好事啊！再说这也是我们班的荣誉啊！"明明知道这时候不能和沈言悦扯上关系，可是我却本能地说了这句话。

教室里一片寂静。许久之后，才有人小声说道："什么嘛？原优干吗要帮她说话？"

"你不是也讨厌她吗？"

对呀！我为什么要帮沈言悦说话呢？我不是比任何人都讨厌她那副傲慢的样子吗？

嫉妒真的是一种可怕的情绪，它会让人变得自己都不认识自己。

5

我不明白沈言悦的内心到底有多强大，不论班里的同学怎样疏远她，她都可以做到无动于衷。

这天早上，我来到杨树下准备踢毽子的时候，遇到了一个意想不到的人。

"你怎么会在这里？"

沈言悦回答道："我每天早上都会找个没人的地方练嗓子，刚转到这里的时候，我就知道你每天会在这里踢毽子了，所以我就找别的地方了。"

我不解地问道："为什么？"

她摇了摇头，"不为什么。昨天谢谢你帮我说话，我唱一段花为媒给你听，就当是答谢了。"

真的很神奇，听着她清脆的嗓音，还没开始踢毽子的我竟然感觉浑身充满了能量。可是，她不是从来不在同学面前唱戏吗？

似乎是感受到了我的疑问，她停下来回答道："我永远都不会唱给那些嘲笑我梦想的人听。"

她语气中的坚决震撼到了我。果然我无法理解沈言悦，她的坚持在我看来毫无意义，既然她选择了这条路，就不可能让所有的人都喜欢，她总不能为了讨厌她的人放弃自己的梦想吧？

"也许是我多管闲事，但我觉得你没有必要那么委屈自己。"

这个自以为是的家伙哪里看出来我委屈了？我冷哼一声不屑地走开了。但我没想到，这是我跟沈言悦说的最后一句话。

文艺比赛结束之后，沈言悦就转学了。

别人家的孩子终于走了，我说不清心里到底是什么感觉。她为学校为班级争得了荣誉，还没来得及在我们这些嘲讽她的人面前耀武扬威就离开了。

其实她说的没错，我所谓的游戏攻略，就是掌握每个人的喜好，然后去讨好他们。可这里面唯独没有我自己。

游戏攻略只是个借口，我只是害怕孤单，害怕没有朋友，所以委屈自己讨好别人。但就算我成为班上最受欢迎的人，却依旧无法填补内心的孤单。就像沈言悦说的，连真心话都不敢说出口的朋友，真的廉价。

所以我嫉妒沈言悦，嫉妒她不畏人言，嫉妒她恣意洒脱只为自己而活。或许我只是羡慕她而已，若是给我一次选择的机会，我还是会依照我现在的方式生活。

习惯成自然，纵使会觉得无聊，我还是会委屈自己迁就别人，只要有人开心就好。

我不知道我和"别人家的孩子"谁对谁错，这原本就是一道无关对错的是非题，因为我们看重的东西从来就不一样。

所以我完全没有必要去羡慕嫉妒"别人家的孩子"，因为我在她看我的眼神中，看到了相同的羡慕和嫉妒。

青春期高能预警

原味觉醒

007 VS 008

夏浅浅堪称东阳一枝花，从小开始学习舞蹈，姣好的容貌，根本不用施粉黛。

可以吗，我真的可以吗？宋沐有点儿犹豫。

你是最棒的，说一句"Yes I can"。对，昂首挺胸，我不停地打气。

宋沐进去了，夏浅浅所在的奶茶店，哇，我赶紧用手机偷拍了一张，独家新闻呀。

宋沐失败了，这是意料之内的，他脸上的青春痘也偃旗息鼓，似乎在为他默哀，没关系呀，一枝花倒下，还有千枝万枝站起来，我慷慨陈词。

你不懂，宋沐远去的背影挂满"你不懂"几个字。

我是不懂，可是有人懂呀。

手机上QQ网友008，已经成功接收到我的图片。

不久前，008和我会面研讨，她想知道宋沐最近的动向，她说，最好是有图片佐证，狗仔费用几十到几百元不等，视情报质量付费。

008：宋沐最近荷尔蒙分泌过多，恐怕有不良行为。

110：你可以问他。

008：你知道，他最近不太喜欢我，也很烦我。

110：那你不能放弃呀。

008：革命的胜利需要你的帮助。

110：Yes。

你自己数数，你闹过多少次绯闻

宋沐，吃饭好好吃，这天天的，魂不守舍，妈妈不满地说。

宋沐嘟囔了一句，大口嚼着饭粒。

既然吃饱了，那谈谈那个夏浅浅的事吧。

宋沐差点儿被妈妈的这句话给噎住，妈，您说笑呢？

你娘从来不打没把握的仗，妈妈拿出手机，在我们面前晃了一圈，你看看，他这小脸红的，还拿着信。

妈，你偷拍。

什么偷拍，不要转移话题，你成绩最近下降得令人震惊，是不是因为她，想走，老宋，给我拿下。

老宋端来个板凳坐在大门口，无辜地眨着小眼睛。

爸，你也跟着瞎掺和。

青春期嘛，喜欢这种事情是正常的，我们也给了你时间去探索、改正观念，只是，你这孩子，屡教不改，你自己数数，你闹过多少次绯闻。老宋眯了眯眼，原来他才是真正的背后军师。

这是我的事，我有权利去追求。宋沐完全帅出了新高度，敢公然挑衅，搁我，肯定不敢。

妈妈开始情感教育，宋沐呀，你看，你还有很长的路要走，用知识武装自己，到了大学，漫山遍野的女孩子来追你。我冒黑线，这形容词好像姑娘是苍蝇。

宋沐闷不作声，眼睛有点儿发红，那我先回房间了，临走时，他欲言又止地看着我，眼神分外心痛。

我小心地避过他的眼神，哎，人在江湖，身不由己。

妈妈转过头问我，宋暖，下次你拍个视频，总是图片多没意思。

碟 中 谍

宋沐戴着耳机，坐在椅子上，背影都在颤抖。

对不起。我抱着十分惊恐的语气。

宋沐没有回应我，他一定是发现了……

对不起。我已经卑微到尘埃。

宋沐倏地转过身，笑得让我不寒而栗，我的好妹妹，你是怎么搞的，宋沐不停地指手画脚。

给你，宋沐丢给我五十块钱，看着我吃惊的样子，不是说好了妈给的钱四六分吗，这可是毁了我声誉换来的，还有，你那是怎么回事，从哪个角度拍显瘦，照片采光好，我不是都给你示范过了吗？

你看看你拍的照片的质量，惨不忍睹，夏浅浅有那么胖吗？本来可以拿个更好的价钱。

虚惊一场，原来宋沐没有发现，我提前从妈妈打赏的辛苦费里拿了点儿回扣。

宋沐就是个吸血鬼资本家，爱财如命，什么四六分，他不知道我在敌人手下做事，心理压力有多大，何况还是碟中谍。

欧巴，下次您摆拍，可好？我会运用阴影把您的侧颜完美勾勒，表达出您那时心中复杂的情绪体验，我卖着萌。

小说里，哥哥一出场都自带闪光灯效果，脚下生风，多金又温柔。童话里都是骗人的，我哥哥宋沐虽然长相清秀，但是特别抠门，特别爱钱，经常变着法搜刮民脂民膏，我只能说，最后知道真相的我眼泪掉下来。

电视里的妈妈都是，一身旗袍优雅地坐在沙发上，拿着手机指挥着"线人"工作。我妈也喜欢指挥我，现在她的爱好就是了解儿子的感情生活，她怎么知道自己儿子反侦察能力那么强，威逼利诱下，我已归顺到宋沐那一边。

只是，这部家庭宫斗剧越演越烈，根本没有人发现我的变化，难道没人知道我只比宋沐小了一岁吗，我也在青春期呢。

对呀，我惆怅，我迷惘，我的十六岁雨季正铺满芬芳。

因为只有饿的时候才感觉自己是扁扁的

我遇到了一个人，他是隔壁班的陈子良，高高帅帅，两个人在校园里的邂逅，无非就是食堂偶、操场、课间、放学路上，用数学老师的话，这概率是个不可能事件呀。

但是不可能事件就是这么发生了，不然我怎么每天都能看到他呢，他还对我笑。

难道这就是爱？

嘿嘿，哈哈，呵呵，我傻笑。

连续几天早上，我特意没吃葱油饼，只吃了个鸡蛋，保持口气清新，随时问好，其他餐也控制食量，因为只有饿的时候才感觉自己是扁扁的。

当我东倒西歪走到教室门口时，隐隐看到陈子良正往我这边走来，我皮笑肉不笑地抽搐了一下，瞬间一番天昏地暗，可惜没有人来接住我，我直接接触了光洁的地面。

我感觉到有人把我背起来。

医务室。

我睁开眼，正好对上女校医犀利的眼睛，低血糖，没事减什么肥？

那个，老师，有人把我送来的吗？

对呀，一个长得挺帅的小伙，女校医像看透了红尘似地摇摇头。

哇，那肯定是陈子良，我该怎么谢谢他呢？算了，假装偶遇吧。

算准了陈子良会去打篮球，我拖着病体，潜伏在他去操场的必经之路上，结果，我跟他说谢谢的时候，他竟然问我是谁，是不是找错人了，什么校医院？

我听到我的玻璃心碎了，瞬间捂脸狂奔，其实也不是他的错，他不认识我，那么多的邂逅，只是我自己做的白日梦而已，做梦也不可以吗？

挫败的我回到教室，发现自己桌上有几个鸡腿，同桌眼冒金星的说，是个帅哥送来的哦。鸡腿吃得好吗？宋沐一脸无所谓，原来是他，宋沐一般不来我班上的，所以几乎没人

知道我有个哥哥。

什么？是你背我去校医院的。

宋沐一副"不是我，还有谁愿意背你"的嫌弃表情，

宋暖，我从小看着你长大，你每天吃几碗，我还不知道吗？看你小鸡啄米似的吃饭，就知道有问题。

有问题？没问题的，我吃得少，是因为……是因为生理期。

宋沐甩下一个"宋暖，你太开放了"的表情，绝尘而去。

宋沐怎么会懂呢，他只是个思维逻辑化的理科生，思想大条。

人家有远大的抱负，不念儿女私情

陈子良，我喜欢你。

陈子良表情有些僵，对不起，我不认识你。

现在就认识了呀，我很久以前就认识你了。

我们可以做朋友的。陈子良有些尴尬。

为什么？

那个，我还有课，先走了。陈子面无表情地走了。

我十分沮丧地坐在花坛边，万恶的宋沐坐在我旁边，他竟然只买了一根冰淇淋，吧嗒吧嗒地吃，说，看到了吧，这种告白会让陈子良很尴尬，这样还能好好地做朋友吗？托词而已！

我瞪着宋沐，这就是你拉我来这里的目的，亲眼看到别的女生给我的男神表白。

作为你哥，我肯定要去调查他的案底，据线人回复，前天，大大前天，找陈子良的女生，都被他拒绝了，人家有远大的抱负，不念儿女私情，你跟着去当分母，不是苍蝇进茅房——找屎（死）吗？

你说谁是茅房，谁是屎，哎，给我站住。

也是，被喜欢的人亲口拒绝，一定会很难过吧，何况那个人是陈子良。

晚饭的时候，我吃了三大碗饭，摸摸浑圆的肚子，原来放弃并不是不可饶恕，至少我重新感觉到生活是如此的充实。

你确定她没事？老宋看看妈妈。

我说，宋暖，你多少岁了？妈妈说。

十六呀。妈妈终于在意我了，她一定是要温暖我。

你多少斤？

我……妈，你怎么可以问这么敏感的话题？

老妈一把把我从桌子上拉到大门口，你看看，她们都在干吗？

我往门外看了看，哇，好恐怖，一个人都没有，我赶紧往家里缩。

隔壁小李家女儿每天晚上跑步，小王家女儿每天都会去上形体课，还有……妈妈残暴地看了我一眼，是该减肥了。

妈妈打的口号是"不是让你不吃，吃是为了让你动"，以前宋沐都会无偿地用自行车载我，现在妈妈下了"禁坐令"，宋沐骑自行车看着我跑，你能想象一大早上就被遛狗的场景吗？最不能忍的是，宋沐充满魔性的嘲笑声。

那时的天很蓝，有吉他琴弦

我的好妹妹，带你去一个地方。每次听到宋沐这么叫我的时候，我就感觉瘆得慌。

青藤小学，我跟在宋沐后面，这里是废弃的旧校区，宋沐拉开布满铁屑的大门，几种不同声音交织在一起，有……吉他。

宋沐，来啦，一个清爽短发的女生正在擦拭琴弦。

一个戴眼镜的男生跑过来，这就是你妹妹，宋沐酷酷地说，不用管她，她随便看看就行，练吧。

那个女生弹的贝斯，很帅气。练习的时候，宋沐特别认真，我从来不知道他会弹吉他，而且弹得那么好。练习了一会儿后，大家停下来休息，戴眼镜的男生特别热情地给我介绍，这里闲置了，所以变成我们的练习室，看门的老大爷没事也来看我们练习，现在可能去遛弯了，反正有我们在这里看着。

宋沐飘过来，不要看见一个男的就叫欧巴，他比你小，和你一个年级的。可怕的宋沐竟然偷听了我们讲话。

回家的路上，我有点儿意犹未尽，完全就是个小乐队嘛。

宋沐，你背着我学吉他！

你以为我像你那么不学无术。

我……

笨。

我想起来了，初中毕业那个假期特无聊，我一直嚷嚷着要学吉他。

欧巴，你是不是为了我，不要害羞嘛，哎，欧巴，不要走那么快，你腿长。

夕阳往天边拉宽了弧线，路上两个人影慢慢拉长，整个日暮显得温暖有余。

眼镜男孩儿真的和我同一个年级，摇滚女孩儿竟然是他们班的班长，表面上的循规蹈矩并不会掩盖年轻的锋芒，他们都在为自己的坚持而隐忍着，这样恣意的青春真的很美好。

宋沐为了封住我这个告密的嘴，为我租了一把吉他，我经常跟着宋沐去练习室，虽然宋沐老说我笨，学吉他学得慢，但还是耐心地教我，慢慢地，我的吉他箱体也能有较为完整的节奏。

宋沐高三功课变多，早上去得早，晚上回来得也很晚，他已经不去练习室了。

那时的天很蓝，有吉他琴弦，每天嬉笑打闹，我开始习惯没有宋沐在身边。

我的青春期，没有恋爱，上课、学习、练习，枯燥却快乐，吉他带给我很多朋友，我们一起在这个起伏不定的青春期互相勉励，向前。

宋沐高三毕业典礼的时候，我们一起准备了表演，宋沐是主音吉他，我是节奏吉他，在后台准备的时候，我看到了陈子良，他和宋沐交谈甚欢，看起来不是初识。

陈子良看到我的时候，也许是我看错了，他竟然有点儿害羞。

宋沐上台的时候，还是痞痞地对我说，我的好妹妹，准备好了吗？

那我们开始咯。

知道陈子良喜欢她，一开始，宋沐是拒绝的

知道陈子良喜欢她，一开始，宋沐是拒绝的。

我喜欢上一个女孩儿？

怎么了，有沉鱼落雁之姿色，宋沐挑挑眉，陈子良因为手长脚长，被选进了校篮球队，认识了里面的学长宋沐，平时两人交情还不错，宋沐想着兄弟一场，要不帮他一把。

这倒不是，上次她找到我，好像是认错人了，不过，笑起来挺暖的。

她叫什么？我帮你打听打听。

宋暖。

宋沐听到宋暖的名字，吓了一跳，是那个三班的？

对呀，你还挺清楚的。

宋沐想，我能不清楚吗，不久前，宋暖还为了你草拟情书，分别用微信、QQ、微博各写一份儿，让宋沐点评。结果宋沐以文笔太粗糙，有伤风化打回。

宋沐还记得上次因为宋暖节食减肥，他好心拿几个鸡腿去给她，结果刚到她教室门口看见她，她就晕倒了。

宋沐一直安慰自己，宋暖是因为看见鸡腿高兴过度才昏倒，可她跑去感谢陈子良这件事，彻底践踏了宋沐的底线，看来宋暖是认真了，他不能让这么久的努力白费，他不能让老妈失望。

宋沐说他能搞到宋暖的一手资料，这让与他非亲非故的陈子良不胜感激。

你知道她有个哥哥吗？

不知道。

你知道我有个妹妹吗？

知道……不会这么巧吧。

你知道我要向家里保证，让宋暖平安度过青春期，压力有多么大吗，你还来插一脚，说着，宋沐似乎不解气，又踢了陈子良一脚，你要保证高中不能影响她。

可是……陈子良欲言又止。

宋沐为了打消他狂妄的积极性，你知道市区房价多少吗？

最近下跌了，两万一平方米，有什么问题吗？陈子良愣了。

宋暖今年生日说，她以后要去市区买房，至少一百平方米，不算装修费，至少二百万，你可以承受吗？

我……陈子良当真在思考。

你可以的，真的，宋沐认真地说，所以现在你要好好学习，为以后月薪上万做准备。

宋沐虽然笑着，但陈子良看着宋沐的笑怎么那么阴森森的，为了保命，陈子良答应配合宋沐演一场戏，毕竟还没看见宋沐这么认真过。

微信消息。

虚竹：危机解除。

乔峰：干得漂亮！

虚竹：这下你可以接近她，进行下一步计划了。

乔峰：哈哈哈。

虚竹：妈，你可以考虑下乔峰的感受吗？

积极献身老妈的青春期教育

青春期叛逆、敏感的小火苗早就蹿到地球表面，大人们并不是没有发现，只是不想那份保护过于明显，让孩子觉得太拘束。

宋暖已经好久不和家里谈心了，一方面觉得自己就要长大了，可以独当一面；另一方面，遇到事情又会退缩，离不开家里的怀抱。

好在她是个哥哥控，从小到大都爱跟在宋沐身后，于是，宋暖妈妈设计了这一出好戏，让本来在青春期里安然无恙的宋沐，变身叛逆少年，宋妈妈努力营造"为孩子操碎了心"的妈妈形象，并让宋暖当卧底跟踪宋沐的行踪，成功打入宋暖的朋友圈。

宋沐为了让老妈紧跟时代，没少花时间让老妈学QQ、微信，宋沐也成功诠释各种类型的青春题材主角：叛逆少年，渣男，深情告白男主角等，积极献身老妈的青春期教育。

让宋家吃惊的是，还是出了陈子良这一茬子，经过事后分析，老宋总结，这说明咱家闺女质量是有的。

这让宋家又开心了好一阵子。

斩断发展源之后，宋家制定了计划。

第一，积极转移注意力，所以宋妈妈才会让宋暖坚持锻炼，换作平时，宋妈妈可是不能让宋暖受苦的。

第二，积极发展兴趣，让宋沐教宋暖学吉他，宋暖确实改变了不少。

之前，宋妈妈一直不同意宋沐学吉他，觉得学吉他纯属耍帅，不过，宋沐带着老宋去琴行转了一圈，老宋给妈妈弹了个半生不熟的曲子后，宋妈妈觉得，是挺帅的，于是，那年宋暖还在家看《还珠格格》的时候，宋沐打着为了将来成功转移宋暖兴趣的口号，开始了吉他之旅。

　　青春期这个人们口中的洪水猛兽，被宋家这么一折腾，真变成温顺的小猫了。

石头石头在唱歌

zzy阿狸

1

晚上难得没课，一个人窝在宿舍里刷微博，刷着刷着看到高考直通车发了一条微博："高考过来人给所有高中学子的一句心里话，说得太实在了！"下面还附了几张热门评论的图片。我饶有兴趣地一条条看，看到"妹子们都要加油，这是你们最后一次用脑了，以后都得靠脸"的时候捧腹大笑，但在看到另外一条的时候却笑不出来了。

"高考是最美丽的阴差阳错。"

我拧开一瓶汽水，闷闷地灌了一大口，电脑桌上的风扇转动发出吱呀吱呀的声音，我起身把玻璃门打开，海风迫不及待地迎面扑来，还没做完的习题发出哗啦啦的翻页声，突然间很有那个夏天的感觉。

永远做不完的试卷，吃不完的零食，传不完的纸条，说不完的悄悄话，这些一点点拼凑成我们的高中，但拼不成青春。

因为还差了一份喜欢。

一份足以支撑起我们孤独而又彷徨的青春的喜欢。

2

2011年的夏天，我背着自己硕大的书包，怀里还抱着一个Hello Kitty书包，屁颠儿屁颠儿地跟着林楚楚来到榕城一中报到。林楚楚是我堂姐，榕城这一届的考生多多少少都听过她的名字，数理化生政史地样样精通，可谓出尽了风头。但很少人知道她有一个挺窝囊的堂弟，叫啥来着——林浩初，整天想的都是吃喝玩乐，学习态度极其马虎，听说他能来榕城一中念书是因为林楚楚把省实验中学的录取通知书放在校长办公桌，云淡风轻地说了一句："如果不让我弟陪我一起念书的话，我会认真考虑省实的。"校长不舍得这个未来的状元苗子，睁一只眼闭一只眼让林浩初进来了。啧啧，这姐弟感情真好。

而我就是林浩初。

我和她感情要是真好她就不会把东西都丢给我，自己像女王一样走在路上接受同学们的洗礼了，还走得贼快，差点儿累坏我。

忙活了大半天终于来到了自己的班级，高一十班。其实对我来说在哪儿念书都一样，只是我堂姐操着一颗我爸妈的心，觉得把我搁在三流中学不放心，反正在三流中学也做不了鸡头，干脆来这里做鸡尾，还说着要我把领去她家里住，随时辅导我，或许哪天就开窍了呢。

我一听热泪盈眶，心想着无以为报，最后用自己的零花钱默默地为她结算了淘宝网的购物车。

"是该好好做人了。"

我站在班门口意气风发地说。

"林浩初同学！"我抬头，距离我不到两米半的讲台上正站在一个戴着黑色眼镜的中年妇女叉着腰怒视着我，"迟到了还不赶紧打报告进来，你是想转班了吗？"

3

我赶紧低着头进去找了个座位坐下。这样一来，几乎全班同学都认识我了。

开学第二天进行了摸底考试，我真的有在考试前好好温习，开学前我已经缠着林楚楚让她给我划重点，所以考试的时候我才答得比较得心应手。一周不到的时间，各科试卷已经发回来，随后就是分数汇总排名，我竟然考了全班第十，要知道我可是全班倒数第一名进来的。

我的确有点儿高兴，但很快就给自己泼冷水：其他同学的复习工作没做好，我才占了便宜名次靠前，不许骄傲，以后得好好努力。

我这人不禁夸，这点儿像我爸。

但是我这人也禁不得冤枉。

周三放学的时候，班主任把我叫到了办公室，我一路上还想好了各种被夸赞时应该如何恰当地回答既不显得自满又不自卑。哪知道一到办公室，她就把排名表放在桌面上，然后用手轻轻拍了拍我，叹了口气说："说吧，这次是不是作弊了？我知道你是怎样进来一中的，你迫切地想出人头地老师能理解，但你不能作弊啊，只要肯努力成绩一定会慢慢好起来的，晓得不？"

我心里一万匹羊驼奔腾而过，但我压抑着情绪一字一句地说："老师，我没有作弊。"

"你这孩子怎么这么不诚实啊？"老师拍了一下桌子站了起来，"你作弊就大大方方地承认，我有怪罪你吗？"

"可是我没做过就没做过！你说我作弊你倒是拿出证据啊，你凭什么狗眼看人低？"

"你这种态度，给我回家反省一周！"

"走就走！"这一句我几乎是咆哮着说出的。我气得浑身发抖。

堂姐知道整件事的来龙去脉后到办公室里和班主任理

论，班主任面子下不去死活不肯承认冤枉我，这事儿差点儿闹到校长那儿去。

可能咸鱼永远只是一条咸鱼，当有一天它要翻身了，别人并不会觉得这是一个奇迹，只会觉得这条鱼是该煎一煎另一面了，不然不好吃。

我也不例外。

4

一周时间在打游戏与睡觉中度过，当然也在林楚楚的怂恿下开启了新世界的大门——QQ。之前我还真不用这个交友软件，不过这天没人陪我聊天觉得特没劲，日子过得的确无聊，但我不想回学校。

周四中午正在熟睡的我听到有人按门铃，拖拖拉拉地下楼开了门，迎面是一张红扑扑的脸，一个扎着好看马尾的女生微笑着说："林浩初同学，我是你的班长张初然，你的事我已经知道了，那几天考试我就坐你旁边，你有没有作弊我清楚得很，老师自知理亏也没有再提这件事，有些事嘛，别人爱说啥就让他们说去，咱们问心无愧就好。"

她说了一堆，那一刻我突然觉得她身上每一个细胞都在发出正义的光芒。

那天下午我按时回到学校上课，班主任果然没再说啥，但毕竟我心存芥蒂，也拿不出什么学习的动力。回头想想，那段时间比较有意思的是和张初然混熟了，这家伙才不是女神范，那天只是怕态度太敷衍我不肯回学校。

她挺疯疯癫癫的，敢爱敢恨。班长这活儿不好做，经常是干上传下达的事，每次传达命令的时候她都会偷偷地吐槽几句。在年级自治委员课间巡逻的时候，给我们放哨，提醒同学们赶紧别好校徽擦干净桌子上的哈喇子。要是说我们十班敢兴风作浪什么的，她肯定是贼王。

嗯，这个女生挺有意思。

5

我在一中还有一个好朋友张博文，成绩也是好得不要不要的，热爱体育不喝啤酒不抽烟，生下来就是一副模范生的样子。但这并不妨碍我俩做朋友。

只是每当我有空去找他玩的时候，总会觉得有点儿奇怪。譬如说在他教室里待着的时候总会看到走廊上重复地出现一个人的身影，在篮球场挥汗的时候也总会听到一个熟悉的呐喊声。

这货就是张初然。

我一脸奸诈地向她逼供，她倒也大大方方地承认了。

果然每个少女在中学时代都少不了一个暗恋的对象。

与此同时，我发展了我的另一个兴趣——玩手机。每天回家草草完成作业后就捧着手机玩个不停，吃饭时揣兜里，睡觉前也要瞄几眼。林楚楚对我这种行为相当鄙视。

为了少受白眼，我开始拿一些我看不懂的数学物理题请教她，她也有自己的事要忙，一开始并不怎么搭理我。但在我的软磨硬泡下她也不得不挤出时间耐心解答我。

"好吧，我已经给你解释一遍了。现在换你答我，"林楚楚松了一口气说，"你说说，这一个步骤为什么这么做呢？"

"呃……对呀，为什么呢？"我是标准的左耳进右耳出的人。

坐我一旁的林楚楚几乎要吐血。

后来每当电视剧黄金八点档开始的时候，也就是林楚楚为我开设小课堂上课的时间。

我每天都攒着一堆问题问她，练习册上的、作业本上的，甚至还有在手机上找来的题。

6

说回张初然和张博文的那点儿事，张初然给了我不少好处利诱我协助她追张博文，其实所谓的好处就是迟到的时候不记我的名字，因为那段时间我每天晚上玩手机都玩到很晚，老是很容易睡过头。

先是帮她要很多关于他的个人信息，但她想要知道的那些问题让我怎么开口呀。譬如说喜欢女生长发还是短发，最近在看什么书，喜欢妈妈多一点儿还是爸爸多一点儿，有没有童年阴影，日后想从事什么工作……

她的脑洞开得比黑洞还大。

一开始张博文是拒绝回答的，在我的软磨硬泡后才肯磨磨叽叽地告诉我。我在一旁用笔飞快地记下，比做物理笔记还要认真。大冷天的，冻得我直哆嗦。

最后问答结束，他好奇地问："你是在帮你班上的那个女生索要我的资料对吧？老是在走廊晃来晃去，我已经审美疲劳了。"我用笔记本拍了拍他的头说道："什么审美疲劳啊，人家小妹妹一片真心着呢。"

第二天我郑重地把这些资料交给了张初然，她一脸欣慰地看着我，默默地在迟到名单上划掉了我的名字。

第三天我如常迟到溜进课室，却差点儿被坐我前桌的张初然吓个半死。这家伙竟然把头发剪短了，头发比我一个大老爷们还清爽。大冷天的，别的女生都巴不得头发长得快一点儿好保暖。我用水笔戳了戳她，小声地说："你没事吧？"

她晃了晃我昨天给她的笔记本，我才想起张博文说过他喜欢短发的女生，她意志坚定地吐出四个字："因为爱情。"

"不会轻易悲伤？"我唱出了下一句。

她用力地用脚后跟踢了踢我的桌子以示生气，笨重的桌子发出一声闷响。

多像我们一意孤行的青春。

7

期末考后我终于能够肆无忌惮地玩手机了，林楚楚翻多少个白眼也不管用。

有一天晚上我搁下手机，一个人穿着厚厚的衣服在街上游荡。走着走着竟然在麦当劳碰到了张初然。她一个人孤零零地坐在那里，手上还握着手机。我径直跑去柜台买了两杯咖啡后向她走去。她闪着泪光的双眼在看到我的瞬间有过一丝光芒，但很快便熄灭了。

她失望地说："你差点儿吓坏我了，还以为真的能见到石头呢，不过人家肯定比你长得好看多了。"

"哎！你说谁？"我一边佯装生气一边把咖啡给了她，"天气冷，天大的事都好，喝杯咖啡暖暖身吧。"

她开始絮絮叨叨地给我介绍那位叫作石头的网友，个人资料上显示在福建厦门，离广东也不算很远，他和我们同届，既会倾听她的少女心事，又会解答她不懂做的题。那天晚上她只字不提为什么大冷天的一个人坐在麦当劳里，旁边还藏着一只崭新的篮球。我也没有追问，我自己还不是一样很突兀地出现在这里。

那天晚上我和她有一搭没一搭地聊得很晚，她慢慢地破涕为笑，整个麦当劳洋溢着欢乐。

有些问题不必要追究，每个人都有自己的秘密，你不例外，我也不例外。只要在彼此需要温暖的时候，能够相互取暖就够了。

8

没多久张初然就和我坦白那天晚上是张博文的生日，她借此时机和他表白的，但张博文拒绝了她，走得特潇洒，连篮球都没有收下。她一边说一边踢着脚下的碎石。

我摸摸头示意安慰她，想着说校门口新开的那家面店卖的云吞挺好吃得要不要去尝尝，她却突然间眼泪汪汪地和说："林浩初，我是不是真的特别差劲儿？学习不好，连喜欢一个人也要输得一塌糊涂。"

我有点儿急了，"才不是呢，喜欢这种事情……当然得越挫越勇！迎难而上！"

她被我逗笑了，擦干眼泪眼巴巴地看着我说："你是他的好朋友，肯定知道他想考去哪儿的，我想努力一把考去他的城市。"

她一边拽着我去面店，一边缠着我逼着我说。

我告诉她张博文想考浙江的Z大，基于她目前的学习情况我还给她规划了近期学习目标，两个人聊得越来越兴奋，似乎一眼就能看到属于各自美好的未来，引得旁人纷纷侧目。

　　其实她带我来到这家面店证明我俩心有灵犀我是挺高兴的，但奇怪的是那天的云吞面我觉得一点儿都不好吃。

9

　　时过境迁，当我回想起那个下午，那个熠熠闪光的下午，我都会觉得它弥足珍贵，喜欢这件事第一次变成了一种积极向上的事情，给你无限力量让你变成一只打不死的小强，即使伤痕累累也绝不放弃。

　　只为去成为一个很棒很棒的人，优秀得足够能与你并肩。

　　说来也奇怪呢，我那么懒惰的一个人似乎也被张初然感染了，开始去书店和别人抢购参考书和模拟题，没了命似的刷题，开始想要考去一所好的大学。

　　因为张初然教会了我，只有当自己变得足够优秀的时候，才能够有资本有权利去追逐自己想要的东西。

10

　　此刻我正在厦门大学的无敌海景房的阳台里，一边托着腮吹海风一边将顺高中所有的点点滴滴，试图让自己清醒一点儿。

这是我第一次积攒了足够的勇气去回忆。

那年高考轰轰烈烈地过去了，最后林楚楚这棵状元苗子很争气地考了全市第一，只身一人去了北京，张博文考到了梦寐以求的浙江大学，张初然那年也考得相当不错，人品以及各种品大爆发。

在她有足够的资本足够的权利去选择与张博文并肩时，落定的地理坐标却歪了一点儿，来到了江浙沪包邮的上海。

她没有选择浙江，是因为她最后发现其实相比起来对张博文的喜欢，她更贪恋更喜欢的是那些年喜欢着张博文的她。

"反正有些人嘛，出现在生命里也只是为了给你上一堂课。下课铃响了，也该收拾好书包回家各找各妈了。"她站在上海的外滩上给我没头没脑地发了这样一条微信消息。

"哎，对了，你这家伙不用QQ的吗？怎么一直都不肯让我加你的QQ号？说，是不是有着啥秘密？"她问了我一句。

哼，我那么潮的一个人像是不会用QQ的吗？

时光开始回到2011年的那个盛夏。我被班主任强制回家反省的一周里开始玩起了QQ，在填个人资料的时候我问林楚楚："个人信息必须真实吗？"林楚楚一边刷题一边答我："才不是呢，网络时代什么都不靠谱，你喜欢怎么填就怎么填。"

我玩心大发把所在地填成了福建省厦门市，然后还把昵称改为了石头。因为很喜欢谭维维的一首歌《石头在歌唱》。

过了一周后我收到一个添加好友申请，对方所在地恰好在这座城市，当我确认添加后对方一上来就和我说："你好你好，我在广东念高一，因为特别喜欢厦门所以按条件搜索了一下就加到你了。请问你是厦门人吗？"

"嗯……是的。"

"我看你的资料填的也是十七岁呀，你也在念高一吗？"

"呃，是的。"

而她就是张初然。

从那以后，我整天捧着手机和她聊，吃饭时揣兜里，睡觉前也要瞄几眼，生怕漏看了她的任何一条消息。她给我说她喜欢的男生，有着好听的名字和漂亮的成绩，还和我说她的成绩不太好有些题不会做，我夸下海口说你不会的题尽管发给石头我啊，我可是要考厦大的人。

她还真的发给我，林楚楚说过网上的事大可不必当真，但我不想伤害她，我决定要履行我的诺言。但我是个学渣，很多题连题目都看不懂，只好自己硬着头皮用功学习，有时候还得把她不会的题拿去请教林楚楚。

张博文生日的那个夜晚，她表白失败后在麦当劳里哭得梨花带雨，在QQ上和我说："石头石头我很孤独，多想你现在就能出现在我面前安慰我。"我在QQ上说："开什么国际玩笑，我在厦门这边坐飞机过去也赶不及呀。"说完我借口有事匆匆下线，自己随便穿了件大衣跑去麦当劳找她。

她一直不知道的是，那个陪她聊通宵陪她疯狂刷题陪她度过那些稚嫩又醉人的美好时光的石头，就是我。

我努力考到厦门大学，也是为了成为真正的石头，最后皇天不负有心人，真的让我逆袭成功考上了厦大，或者这就是这场高考里给我的最好的阴差阳错吧。

11

"对了，还记得石头不？他和我吹嘘说他也想考厦门大学呢，不知道他的愿望有没有成真。可惜高考后一直都联系不上他。真想给他说一声谢谢啊，谢谢那些日子里有他。"

"嗯，我想他应该也会和你说一句谢谢吧。毕竟你也让他变得越来越棒。"

一场好的喜欢是让彼此都成了更好的人。

张初然做到了，石头做到了，我也很幸运地做到了。

这场喜欢里，各自有着动人的阴差阳错。

但要令我爱的人微笑，要令我的朋友痛快一场。这是我要完成的使命呀，我想。

　　只是在很多个想与你靠近的夜晚里，石头在歌唱，而你却听不到。

留在时光里的合唱

我与吃不胖小姐的二三事

裸夏木槿

　　我与吃不胖小姐认识十年多了，但仅仅只是认识，或许说仅仅只是知道有这么一个人，然而成为无话不谈的好闺蜜死党外加校友大概也就两三年。相比她的名字，我大概可以取名为"一吃就胖还本来就胖得要死小姐"了吧，当然机智的我是不会这样称呼自己的。

　　不知道在八岁还是九岁的时候见过吃不胖小姐，那时候她穿着红色格子的外衣，穿什么样的鞋子梳什么样的发型我倒是不记得了，只记得她十分热情地走过来和我打招呼，而我羞涩地坐在沙发的角落里看着她，也不说话，然后她就不理我了。那时候年纪小，还不知道人与人之间有什么区别或者有不一样的地方，我只知道我和她的区别就是我和她的成绩名次不一样。

　　说起成绩真是我的死穴，早先还在奶奶家里读书，那里的小学每个年级也就两个班，我家隔壁还住着一位带我班主任的石老师，在这样的环境下，成绩自然是好得没话说，农村本来教育就很简单，不太会为难小孩子，所以对我来说，考年级第一那都是志在必得的事情。如果哪天没考第一了，回家就是要受罚的。可后来，父母非要带我进城，说城里的教育好，要让我读最好的小学。我跟在大人的背后就这样被牵到了另一个世界。

新的学校全都是水泥路，不像农村，泥巴路一下雨就会变得坑坑洼洼，一踩一个脚印，一摔跤一身泥巴。我一进大门就看见好大一片绿草地，原来那就是所谓的塑胶操场。

这巨大的变化，让我再也没有以前那种骄傲感。取而代之的是一张又一张的试卷，一次又一次的模拟考试。虽说成绩没有之前那么好，但至少也不太差，大概也就算一个中等生吧。

然而，我却再也摆脱不了吃不胖小姐的噩梦了。

她就是那个别人家的孩子。成绩总是第一，上知天文下知地理，读过很多书包括八卦杂志，什么都能跟你聊，你说一句话她能啪啪啪说一大堆话把你带入到另一个外太空去，人又谦虚又礼貌。大概就是因为她，让我从那时候就开始慢慢养成暴戾之气，让后来的我觉得自己的童年十分不美好。

翻身的机会大概就是小升初的考试，我和她同时考一所初中，我比她多考了五分，这让我觉得扳回一局，我用事实证明我其实并没有比她差很多。

那场考试之后我的耳根子就开始慢慢清净了，父母再也没提过这个别人家的孩子。我和她在同一个学校读书，却从来没见过。起先我在班上的成绩是比较好的，因为曾经在最好的小学读了五年，而那所小学里成绩好的人不是去了大城市就是去了公立高中，只有像我这样的人，才会选择私立高中。来这个学校的大多数人都是和我差不多或者说是比我更差的，记得最清楚的是一次月考进了全校排名，那时候觉得终于摆脱了别人家孩子的禁锢了，于是慢慢放松自己。

那时候开始早恋，下场就是不得好死。成绩开始慢慢滑落，班主任一次又一次找家长，初二那时候成绩滑得特别厉害，所有人都开始怀疑我是否能上高中了。

这时候吃不胖小姐又出现了。我可以说这次吃不胖小姐是完美扳回我一局，她以比我高出五十多分的成绩进了和我一个学校，并且带着全校第二的光环五千块钱的奖学金来到了我的班级。没错，我们被分到了一个班级。

早知道她填报这个学校我打死也不来。虽说我也是这个学校实验班的一员，但是她是拿着奖学金，我却是压着分数线。就像是开始了一场噩梦一样，我觉得我即将度过最昏暗的三年。

说到现在，好像都和她的外号好像没有什么太大的关系，但是这一切都不是问题关键。对于吃不胖小姐，我还有好多话要吐槽。

我说得一点儿也没错，我的成绩在这个理科实验班真是一塌糊涂，明明我喜欢的是文科，却在文理分科赌气似的硬是留在了这个班级。只有在偶尔的语文成绩第一或者语文老师偶尔让我站起来读我的文章才让我觉得在这个班级里有一丁点儿存在感。升入高二的时候，吃不胖小姐总是生病，本来就很瘦弱的她看着更是一点儿血色都没有，然后，成绩也慢慢地滑落。其实我想说的是她的光环已经压不到我了，她的成绩也没刚进学校的时候好了。

好像我们的关系也是在那个时候慢慢好起来的。她总是找我聊天，还让我给她推荐好看的书籍。后来我问她，我说："那时候我那么不喜欢你，我是怎么就跟你关系好起来然后从此走上不归路的呢？"她说："那时候我想接近你，可你完全不理睬我啊，我只能慢慢进行色诱了。"我哈哈大笑，好几次的英语听写也全是因为她才险些过关。

革命的友谊大概就是在彼此患难的时候慢慢建立起来的，然而这个时候，我决定不在这数理化的囚笼里被打压生长，毅然决然选择了去学画画，选择我热爱的东西，带着我的满腔热情离开了这个我以前一直固执眷恋的班级。

后来一年，我就再也没有吃不胖小姐的消息了。偶尔听到的也是零碎的好像又生病了的样子。那段时间，奔走于艺考之间的我好像在多年前囤积的脂肪也慢慢消化了，我始终都用努力可以换取我苗条的身材来告诉自己，用这样的信念一直支撑着我的高三。

我觉得用二十斤肉换来高三满意的答卷，这是一件让我一想到就觉得十分欢快的事情了。

吃不胖小姐来电话了，说她过了一本线。

后来聊天她告诉我，她很满足，她说以她后来高三时候的成绩连二本都是问题，她说完冲我笑了笑，我说你这个大肉脸上的肉又多了。她朝我做鬼脸，说："没关系啊，我体型消瘦啊。"

听到她说这个，我就不高兴了，恨得牙痒痒，真想朝她那张大脸上打一拳。她用手比画着她的大腿说："哎，高三吃得太好了，腿都长出好多的肉了。"我一眼看过去，明明很细的腿还说自己长肉了，真是矫情得不要不要的。

说到现在我应该来说说吃不胖小姐的容貌了，作为一个颜控，我对朋友的要求也必须严格按照我的审美标准来，吃不胖小姐就有着让我十分羡慕嫉妒以及会产生恨的颜。明明可以靠脑子吃饭的人却还可以靠颜值。

吃不胖小姐浓眉大眼，还有着一双去整容医院都割不出来的双眼皮，睫毛又长又黑，曾经我坐在最后一排看坐在第一排的她，让我挪不开眼睛的就是她那扑闪扑闪的长睫毛，这是作为内双眼皮的我最羡慕的地方，她总是朝我挤眉弄眼，"你看你看！"我只能翻白眼。

如果说大眼睛不算什么，那么她那苗条的身材也该算什么了吧。我喜欢她即使在炎热的夏天穿牛仔裤也很好看的样子，卷起裤脚露出细白细白的脚踝，一双帆布鞋，我说要不是你脸大就是我的女神了，她总是哼一声然后欲哭无泪。

她总是半夜给我发她饿了吃炸鸡吃肉夹馍吃大碗的面条外加三个鸡蛋的图片。她说无肉不欢，顿顿都是肉才觉得满足，异于常人的她最大限度地享受着美食，旁人还苦苦计算食物卡路里的时候，她早就解决了五对鸡翅了。

吃不胖小姐每次出来都会拉着你去吃各种好吃的，我就那样默默胖了她却依然瘦得跟什么的一样，真想立马绝交啊！可又像想念下次会有什么样的美味！

这个能卖得了萌，撒得了娇的学工程的糙汉子在W市读书，开学时她寄给我一张明信片，张牙舞爪的字体写着：

> 我总是仰望和羡慕你的一切，一回头，发现自己正被别人仰望和羡慕的。哈哈，这样真好。

结尾留下她总是练不好的签名。

嗯。

愿你在我看不见的地方熠熠生辉。

利益至上的袁默默

闻人晴

1

袁默默刚转到我们班的时候大家都不喜欢他。

作为一个家里三代从商的富家少爷精于算计一些无可厚非，但是他开口闭口的都是利益，和同学的交往也是，有好处就跟你搞好关系，没好处就把你踢到一边，久而之，他就被班里的同学孤立了。

本以为他会稍微反思一下自身的行为，可谁知他居然对此毫不在意。也对，谁让我们这些草根出身的没办法给他带来利益呢？

但是爱管闲事的我对他这种行为十分不耻，于是没好气地讽刺道："你为什么要来这学校？对你来说一点儿好处都没有吧？"

这厮却完全听不出我尖酸的语气，一本正经地回答道："有好处啊，这边的学费还挺便宜的。"

我一拳打在了棉花上，感觉十分不爽。可是看他一脸认真的样子完全不像是在装傻，我有些糊涂了，袁默默真的是像大家说的那么利益至上的人吗？

"你为什么前段时间跟李晓晓关系那么好？"我佯装不经意地问道。

"因为她是英语科代表，跟她搞好关系可以在听写单词的时候打小抄，有好处。"

我默默地擦了擦汗，忍不住在心里为袁默默点了个赞。就算别人对他的评价再差，但我觉得在他身上，诚实这个品质是毋庸置疑的。这么得罪人的话都敢这么正大光明地说出来，他就不怕李晓晓翻脸把他打小抄的事告诉老师？

好在袁默默长了一张颜值很高的脸，就算他平时再怎么惹人嫌，但是主动跟人示好的话，还是有很多同学愿意站在他那边帮他办事，李晓晓就是个很好的例子。

遗憾的是，刚刚他跟我说话的声音太大，于是很不幸地，李晓晓知道了自己被利用的事实。然后，李晓晓就翻脸了。

袁默默幽怨地瞪了我一眼，然后悲凉地叹了口气，认命地拿起笔抄写单词。不知为何我忽然被他瞪得有种愧疚感，只好拿起笔帮他写起了挨罚的单词。

颜值高果然就是好用，连我这么疾恶如仇的人都沦陷了，更何况班上的那群同学呢？不过他挨罚多少我也有些责任，要不是我套他的话也不会被李晓晓听到，所以我也不用太鄙视自己。

可是精于算计的人会这么老实地说出自己内心的想法吗？他们家三代从商他就不懂得圆滑一点儿吗？虽说做生意是诚信为本他也不至于诚信到自己被人坑的地步吧？

这一刻我更加确定了自己的猜想——袁默默根本就不是利益至上的人精，而是个不会掩饰自己的蠢货。

2

就算是蠢货也懂得一朝被蛇咬三年怕井绳。

之前由于被我套话，袁默默写了被罚写了整整一厚本单词。从那之后，不管我问什么，袁默默都是把嘴闭得紧紧的，一副死猪不怕开水烫的样子。

这次他的目标是数学科代表，每天像只哈巴狗一样跑前跑后地跟着人家。我在一旁偷偷看好戏，数学科代表是个高冷的汉子，绝对不会被他诱惑的。再说他数学成绩已经够好了干吗还要去巴结人家科代表？

然而令我大跌眼镜的是，刚刚还一脸不耐的高冷汉子竟然转眼间就笑颜如花地为他讲解起习题来。

袁默默心满意足地回到座位，我鄙视地看着他，问道："你又用了什么鬼把戏？赵宣怎么会给你讲题？"要知道我们这个数学科代表最讨厌的就是数学成绩比他还好的人了。

"我就是虚心请教，他就给我讲了啊！"

我眯着眼看他眼神闪烁的样子，心想这个蠢货没有我想的那么蠢，居然学会说谎了！不过他说谎的技术太烂，一眼就看出来了。

"你该不会是图谋赵宣的典藏版变形金刚吧？"

全班同学都知道赵宣有一个全球限量的典藏版变形金刚，那个早在一九九几年就停产了，真可谓是千金难买啊！

袁默默立刻瞪大了眼睛，一副"你怎么知道"的表情，然后心虚地说道："我就是想看看……"

"不可能只是看看这么简单吧？"

"……顺便问问他能不能卖给我。"

看吧，我就说他肯定有目的吧！

忽然我觉得他有点儿可怜，明明是立志成长为一代奸商的，竟然这么好懂，连说个谎都说不利索，长大之后可咋整啊！

于是乎我决定提点提点他，至少让他明白什么话该说什么话不该说。

我严肃地问道："袁默默，你幸福吗？"

　　他诧异地看了我一眼，然后回答道："挺幸福的啊！"然后马上竖起寒毛警惕地问道："你问这干吗？"

　　我摊摊手表示自己没有恶意，然后不解道："你人缘都混成这样了还觉得幸福？"

　　"那有什么，他们喜不喜欢我对我又没什么影响，只要我需要的人理我就可以了。"

　　利益至上不要紧，但是说得这么坦荡就有问题了。他的确是够诚实，但他的诚实是建立在理所当然利用别人的基础上的。

　　"难道你这么利用别人就没有愧疚感？"

　　"那有什么，别人也有利用我的时候啊！礼尚往来，谁都不吃亏。"他耸耸肩，好像我多少见多怪一样。

　　忽然他摸着下巴狐疑地盯着我看了半天，问道："我早就想问了，你总是跟我说话，是不是想让我帮你办什么事？"

　　我无奈地翻了个白眼，道："别把别人想得都像你一样好不好？我只是单纯地想跟你说说话而已！"

　　他自讨了个没趣，嘟囔道："你这人还真怪！"

　　没错，我就是个好管闲事的怪人。

3

　　其实我完全没有立场去同情袁默默，因为我的人缘比他好不到哪里去。很多时候，管闲事管得太多是会讨人嫌的。我不明白为什么自己好心好意帮助别人，最后却落得了被别人的埋怨的下场。

这也没什么，可是看到袁默默之后我就不平衡了。凭什么他那么正大光明地利用别人却还有人愿意跟他做朋友？

好在袁默默没有注意到我这点儿阴暗的小心思。

这天我们班和隔壁班一起上体育课，老师组织两个班级比赛打篮球。我怕被球砸到，于是找了个凉快的地方歇息。忽然一道阴影遮住了阳光，我抬头一看，是袁默默。

"你怎么不去打篮球？"我以为这种能出风头的比赛他一定是抢着上的。

他懒散地揉了揉脖子，答道："天气这么热，中暑了怎么办？累死累活的一点儿好处都没有，我才不去。"

……

就在我俩无语相望之时，球场上突然发生了骚动。我和袁默默赶紧过去看看情况，原来是我们班的赵宣跌倒了，整个手臂都被擦破了皮。

果然袁默默一看受伤的人是赵宣，赶忙冲了过去自告奋勇地扶他去了保健室。我比较好奇他会以什么样的理由让赵宣把变形金刚卖给他，于是也跟着去了保健室。

到了保健室，袁默默把药找了出来，小心翼翼地帮赵宣上药，狗腿得不能再狗腿了。赵宣却不领他的情，冷哼道："你不用白费心思了，那天我听到你跟刘晏的谈话了，我是不会把变形金刚卖给你的！"

看着袁默默吃瘪，我在一旁暗爽。让你口无遮拦！让你利用别人！这下碰了一鼻子灰，够酸爽吧？活该！

我以为任谁受到这样的对待都会难堪一阵子，谁知袁默默像个没事人似的，好生安慰道："不卖就不卖，气坏了身子就麻烦了！"

我又是一阵无语，他是真的听不出好赖话吗？

总之，赵宣一直都没给袁默默好脸色看，袁默默却一直好言好语地照顾着。我在旁边想破了脑壳也想不出袁默默能从中捞到什么好处。

等赵宣走了之后，我问道："他不是说不卖给你了吗，你干吗还对他那么好？"

"当然是有好处啊！他不卖我可以去他家玩啊，我就不信他那么小气，借我玩一会儿都不肯！"

听到他这个回答我也是醉了，这世界上怎么会有脸皮这么厚的人呢？

4

我真正地对袁默默改观是在一个星期天的上午。

那天我带着我家的小狗去公园散步，没想到竟然偶遇了袁默默。他正穿着熊宝宝的衣服给小朋友们发气球，看上去开心极了。

我又一次被他惊人的举动雷到了。他这是在做兼职？这里又不是商场门口也不是游乐园，在这种偏僻的公园没有任何商业价值嘛！再说今天少说也有三十摄氏度，他穿成那样我看着都热。

忽然间我想起这附近有一家孤儿院，那里的小孩子每个周末都会来这个公园玩。袁默默该不会是知道这点所以故意来这里哄小朋友们玩的吧？袁默默有那么伟大吗？

过了好长时间，袁默默把手里的气球发光了之后才找了个长椅坐下休息。

我赶忙凑了过去，他一睁眼看到我的时候吓了一跳，叫道："哇！怎么走哪儿都能看到你？你还真是无处不在啊！"

我撇撇嘴，问道："你这是干吗呢？"

"做义工。"

虽然答案有点儿让人接受不了，但也在我的可接受范围内。尽管袁默默总是把利益关系挂在嘴边，但他真的没有大家想的那么精明。

他疑惑地看了我一眼，反问道："你怎么不笑？"

"我为什么要笑？"

"不觉得好笑吗？我这么功利的人居然说在做志愿者。"

我被他这句话逗笑了，说道："你也知道自己功利啊！但我怎么总觉得你是故意装得很功利呢？"

很多事他只是在口头上说得到了好处，但据我这么长时间的观察，他并没有真的图别人的什么东西。

这次他真的诧异了，瞪大双眼道："这都被你看出来了？你的观察力可真是惊天地泣鬼神啊！"

"那你到底为什么要把自己的人缘搞得这么臭呢？"我锲而不舍地问道。

他叹了口气，幽幽道："刘宴，你真的很爱管闲事哎！"

然后他故作高深的双眼远望，道："其实我只是想让人与人之间的关系更简单一些。我爸妈都是生意人，我从小就见惯了商场的尔虞我诈。我真的很怕自己也变成那样的人，表面上跟你关系很好，却在背后算计你。我不要那样，所以我心底是怎么想的，我都会说出来，这样不管是我帮了别人还是别人帮了我，都不会觉得欠人情或是心理有负担。圆滑一点儿的确可以交到很多朋友，但是那样很累。"

原来，袁默默的口无遮拦不是愚蠢，而是参透了人际关系后的豁达。

"其实有时候热心不是一件好事，涉及别人的隐私，别人就会觉得你多管闲事。刘宴，如果你使命感不那么重的话，人缘肯定会好很多。先说好，我一点儿都不讨厌你管我的事哦！"

我被他说得脸上火辣辣的，一直以来都是我在自作聪明，把别人当成笨蛋，却不知道自己那点儿小心眼儿早就被别人看出来了。

　　很小的时候我在学校因为没管朋友的事所以被孤立了，从那以后，只要是我认识的人的事我都要过去插一脚，生怕别人说我冷漠不靠谱。

　　勉强自己的后果是自己累，也没得到大家的喜欢。之所以注意到袁默默，或许是羡慕他的真实吧？

　　很多时候，道听途说的往往都是假象。所有的人都说袁默默是个唯利是图的人，可是我跟他接触之后发现并不是这样。

　　所以我们不要怕被误解，因为无论我怎么努力，都没办法让所有的人理解我喜欢我。还是遵从自己的内心做原本的自己，总有一天，会有那么一个人，透过所有的传言和表象，认识最真实的我。

奔跑吧，"龅牙君"

MISS晴

"龅牙君"是我们班的班主任，兼职数学老师。说通俗点儿，是个典型的"高龄大叔"。和所有大叔级人物一样，"龅牙君"前额头发脱落得厉害，在阳光的映照下，泛着点点"油光"。

"龅牙君"这个称号要追溯到很久很久很久以前。那天，阳光正好，天气晴朗，"龅牙君"秉着只想安安静静地做个"美男纸"的原则，特地挑了个靠窗的，最显眼的位置批试卷。隔壁班的年轻的班主任恰巧路过我们班，顺带向"龅牙君"打了个招呼。

我不知道"龅牙君"心里是怎么想的，但我目睹了那一刻，"龅牙君"笑得"花枝乱颤"，大概是庆幸终于有人注意到自己的"美男纸"外形了吧。"龅牙君"是属于那种"不笑不知道，一笑吓一跳"的人。眼睛本来就小的"龅牙君"，笑起来就是两团肉，那几颗龅牙"连绵起伏，高低错落"，再加上那泛着点点油光的额头，美到让人无法直视。

我清楚地看到隔壁班班主任脸上那一闪即逝的惊恐……从那以后，"龅牙君"这个称号就在我们班流行了起来。

运动会的时候，"龅牙君"绝对是在场最卖力的"啦啦队"。大嗓门儿一吼："十四班的都给我加油啊！跑啊跑啊跑啊！"顿时，引来了周遭众多师生火辣辣的眼神。后来，"龅牙君"索性在内场一起跑了起来，虽然那一次我们班还是得了年级倒数，但也是那一次，让"龅牙君"在年级里"一战成名"。

"龅牙君"还有一个在年级里出了名的称号——试卷杀手。没做过"龅牙君"出的试卷的孩子，你们是体会不到"龅牙君"的试卷有多恐怖。本来吧，一张基础的数学卷子，正确率先不看，就算你是个学弱，耗一个多小时也总能做完吧！但是，"龅牙君"的卷子，是个学霸都要花上大把大把的时间在这里，学渣就更不用说了好吗？请体谅一下一个学渣想一个晚上都不一定能想得出答案的悲壮。

"龅牙君"历代教的班成绩都不错，偏偏遇到了我们这个"奇葩朵朵向太阳"的班。虽然每次都会被我们低得惊人的考试成绩吓一跳，但"龅牙君"生气归生气，却从未放弃过我们班上任何一名同学，这也就是为什么我们班上所有同学都那么喜欢"龅牙君"的原因吧。

嗯，我想，虽然"龅牙君"没有隔壁班班主任那样和蔼可亲，没有别的老师讲得课那样生动幽默，但我们都知道，"龅牙君"是真正为我们着想的老师。他会小心翼翼地守护我们那个年龄阶段特有的强烈的自尊心；会在每回考试以后熬夜翻看每一张试卷，详细写下解题思路；会在期末考试前期花一节课的时间和我们谈心，让我们放心去备考。

"龅牙君"寄托了太多希望在我们身上，他总是希望我们能进步一点儿，再进步一点儿。"龅牙君"也在一点点地老去，他头上的白发日益增多。我知道，总有一天，"龅牙君"再也不能在运动会上大吼加油，再也不能陪着同学在内场跑；我也知道，只有我们的进步才是给他最大的礼物。

奔跑吧！亲爱的"龅牙君"，五十岁生日快乐！

好命女生朱小贝

艾 科

1

说肥胖女生朱小贝是个货真价实的吃货实不为过,但凡能看见她的时候,总是吃不离手,瓜子花生核桃仁,烤串汉堡臭豆腐,在吃的领域可谓中西合并,兼收并蓄,从不排斥。说吃货女生朱小贝好命,是因为傲居肥胖榜首的她,偏偏和全校第一帅哥朱亚文成了同桌,用其他望尘莫及的女生的话说,到哪儿说理去?

这一天,距离上课铃声响起还有两分钟的时间,傻里傻气的朱小贝边往嘴里塞蛋饼,边气喘吁吁地往教室跑,恰在二楼楼梯拐弯处,与刚从厕所出来的朱亚文撞个满怀,这一幕被坐在教室里心猿意马的女生们全都看在眼里，那个气呀，真是上天不公，这样近距离与朱亚文"亲密接触"的好事，怎么又让上课老是迟到的朱小贝碰上？

朱小贝急匆匆地抹了抹油腻腻的嘴巴道："对不起，朱亚文同学，我不是故意撞你的。你吃过早饭了吧？哦，快走，就要上课了！"说完"嗖"的一声，杳无踪影。朱亚文早就习惯了朱小贝毫无厘头的疯癫，哪儿有刚从厕所出来就问人家吃没吃饭的？他无奈地摇摇头，快步往教室走去。

"哎呀，坏啦！"刚一落座，朱小贝就腾地而起，石破天惊一声怒吼，差点儿没把毫无防备的朱亚文惊倒。"我忘记带语文课本啦！"众目睽睽之下，她还不忘补充解释。此时，语文老师已经走上讲台，他扶了扶眼镜，目光越过厚厚的镜片，面不改色道："朱小贝，等你什么时候把自己弄丢了才能成为新闻，忘记带语文课本，于你而言早是家常便饭，至于这样惊慌吗？"孺子不可教也，连老师都对她如此失望。朱小贝不服气地努努嘴，悄声道："还有没有同情心啊，我又不是故意的。"

是啊，如果说朱小贝真心不是故意的，那她好像每天都生活在丢三落四中，唯独零食不会遗忘。

朱亚文将语文课本往课桌中间推了推，道："再次资源共享呗。"嗯，的确是"再次"，因为在这之前，朱小贝不知道占用了多少同桌的资源。

2

一天，隔壁班的刘依依举着一盒昂贵的巧克力在朱小贝眼前晃悠，朱小贝垂涎欲滴道："你有啥事就说嘛，不带这么折磨人的！"

刘依依瞪着蝴蝶般的大眼睛说："只要你帮我追到朱亚文，这盒巧克力，包括以后你想吃的巧克力，我全包了。"

朱小贝想都没想就一把夺过来，急不可待地打开道："我先尝尝这款巧克力的味道正不正宗，然后再把朱亚文的行踪告诉你。"

那是一个异常繁忙的盛夏，所有的青春都在酷热的掩盖下蠢蠢欲动。朱小贝将朱亚文的日常行踪和联系方式统统告诉刘依依的同时，也暗地里接受了其他女生的"恩惠"，所以竞争就从四面八方汹涌而来。

那天放学后，刘依依气势汹汹地将朱小贝堵在楼道口，质问道："把我送你的巧克力还给我！"朱小贝不明就里，刘依依继续道："你居然出卖我，既然答应帮我追朱亚文，为什么还把他的行踪和信息告诉别的女生？"

见事情败露，朱小贝委屈道："我不是故意的，我承认我不是称职的情报员，但是，她们送给我的美食，比你多多了。"

是啊，朱小贝这次的确又不是故意的，但是这样的对话，恰巧被放学路过的朱亚文听到了，他什么也没说，一阵风般飘然而过。

第二天，朱小贝怯生生地向朱亚文解释说："对不起啊，我不是故意透露你的行踪的，都是她们用糖衣炮弹诱惑我，我才把你的QQ和微信号告诉她们的，你懂的，在吃上我毫无抵抗力。"

朱亚文依然一言不发。朱小贝灵机一动说："要不，我请你吃饭，将功补过吧。"

朱亚文转头道："你脑子里除了吃，还能不能想点儿别的呀？我说为什么这几天添加我为好友的陌生人突然增多了呢，原来是你从中作祟，你是大脑被脂肪堵住的奸细。"

朱小贝瞠目结舌，"为什么在老师眼里我是扶不起的阿斗，而在你的眼里，我又是出卖朋友的奸细啊？左右都不是好人，我的命好苦啊。"

看着朱小贝一脸冤屈的模样，朱亚文用书挡住脸颊，差点儿没笑出声来。

3

其实朱小贝并非一无是处，除了贪吃贪玩贪睡之外，她同时还是几家知名学生刊物的校园记者，这是让别的同学望尘莫及的。

那天她对朱亚文说："你不是街舞达人吗？还多次获了省市大奖，我能不能以此为主题，对你进行一次专访，然后发到杂志社去，看看能不能作为封面人物刊登出来。"

朱亚文胆战心惊地求饶道："还是算了吧，我可不想成为公众人物，再说我跳街舞，纯属业余爱好，算不上什么稀奇的特长，满大街都是会跳街舞的中学生。"

朱小贝不依不饶，近乎哀求道："可是，你比他们要帅一百倍啊。人家杂志社要求了，每个校园记者必须要挖掘出本校一名青年才俊，将其事迹采写成文，发给杂志编辑选用，算是完成校园记者的年度任务。我就认识你这样一位才华横溢的好同桌，你不帮我，我就完不成任务了。"说着，佯装伤心。

朱亚文笑呵呵地道："你自己就是一个很好的素材啊，虽然贪吃，但不拘小节，最主要的是你文章写得好，可以毛遂自荐啊。"

朱小贝恶狠狠地道："你不帮我也就算了，干吗挖苦我？我已经胖成这个样子了，形象全无，怎么可能会上封面？"说完，她揉了揉没有落泪的眼睛，变戏法似的从书包里掏出一块蛋挞，娴熟稳健地往嘴里填去，朱亚文顿时石化了。

第二天，班主任过来对朱亚文说："你帮朱小贝完成那个采访计划吧，该拍照拍照，该回答问题就回答问题，这样不仅可以给你的青春留下纪念，对学校也是一种宣传，何乐而不为呢？"

原来，朱小贝见凭借一己之力撼不动朱亚文这棵大树，竟然搬来老师作为救兵。有了班主任颁布的"圣旨"，采访如期进行。

4

朱亚文完全失去了自由，他按照朱小贝的建议穿衣着装，摆着各种夸张的街舞造型。为了拍摄到满意的照片，既照顾到朱亚文的形象，又兼顾到学校的标志性建筑，肥胖的朱小贝扛着重重的相机不厌其烦地取景，足足拍了一个上午。待完工后，朱小贝的衣衫早已湿透。

面对朱小贝罗列的二十个稀奇古怪的问题，朱亚文只同意选择其中十个回答。

朱小贝问："你喜欢什么样的女生？"

朱亚文瞪大眼睛说："能不能问点儿有价值的东西？你以为这样无聊又不健康的问题杂志会选用吗？"

朱小贝被呛得一头雾水，低头道："那好吧，这题作废，请问你将来打算报考哪所大学？"

朱亚文凝眉道："我的目标是清华，虽然道路艰难，但我绝不放弃。"

朱小贝一句"太好了"，吓得朱亚文毛骨悚然。朱小贝羞赧道："不好意思，我太激动了，你的理想很高远，值得我学习呢。下面，请回答下一个问题……"

采访非常顺利，朱小贝很快就将采访内容整理成文，并经再三润色之后，连同挑选的精美照片，一起发给了杂志编辑。在等待编辑老师审核期间，朱亚文说："我希望这篇采访不被采用。"

朱小贝万分惊诧："为什么？那我们的辛勤劳动不是白费啦？"

朱亚文挠挠头道："反正就是不希望会被采用。"

朱小贝递给他一袋薯片说："那可是我们共同的劳动果实呀，也是班主任委派的任务。其实我也没有十足的把握，耐心等待吧。"

不知为何，自打完成了采访稿，朱小贝就不再像往常那样大大咧咧地在班里叽叽喳喳了，也不再踩着铃声进教室，反倒是每天第一个走进教室晨读，最后一个离开回家。这一切，朱亚文全都看在眼里，他想，朱小贝突然长大了，不管她受了什么刺激，能够静下心来学习就是好事，至于原因，她不说，他也不便过问。

5

两个月后的一天，生活委员欣喜地将一封信递给朱小贝，说："小贝，你又在杂志上发表文章啦！"彼时的朱

留在时光里的合唱

小贝正凝眉沉思问题，她习惯性地拆开信封，两本印刷精美的杂志倏然落下，生活委员捡起其中一本惊呼道："天啊，咱们班朱亚文同学上封面啦！"这一声惊呼，似广播一般在全班传开了，大家争相传阅，并于课后纷纷跑到学校门口的书报亭，将当期杂志抢购一空。朱亚文看着杂志上光鲜亮丽的自己，有些不敢相信自己的眼睛，直至朱小贝不停地在他跟前欢呼雀跃，他才从疑惑中醒过神来，内心深处旋即泛起一丝兴奋的涟漪。

朱小贝将其中一本样刊递给朱亚文说："不用谢我，因为你的优秀，所以稿件才会被编辑老师选中。你确定会考清华吗？"

朱亚文举着杂志，回答得铿锵有力："当然了，有这期杂志作为'历史资料'证明呢。"一句话，说得朱小贝粲然一笑。

然而朱亚文并不知道，这家杂志的主编，是朱小贝的姑姑，朱小贝再三央求她的姑姑，在条件同等的情况下，优先选择她采写的这篇稿件，而她采访朱亚文的最主要目的，是想获知他将来报考哪所大学，以确立自己奋斗的目标。在采访中，虽然朱亚文拒绝回答"喜欢什么样的女孩儿"，但当他将"清华"二字脱口而出时，朱小贝就知道，她再也不能像以前那样碌碌无为了，因为于她而言，通往清华的道路，非但漫长，亦很艰难。

而为了心仪的男生，她愿意迎难而上，力戒暴食。

青春歌谣

只要不停掉我的音乐

街　猫

不把钱花光我就睡不着

当这个戴鸭舌帽的男生第十次走到柜台前要求换硬币的时候，C摘下了耳机，她以为自己轻轻叹了口气，但其实没有。她有点儿不耐烦地开了口："别玩了，今晚老虎机不可能再吐钱出来的。"

"为什么？"

"因为上一个玩家赢走了五百个硬币。"

这种劝告不应该出现在她的工作里，但她不喜欢在听歌的时候被隔三岔五地打断。另外，她记得这个男生。几乎每个晚上都来，通常在一两点的时候，输或赢到一定程度沉默走掉。但今晚他似乎有点儿控制不住自己，筹码一点点加大，身上开始散发出一股亡命赌徒的狼狈气息。C不喜欢，不喜欢这周遭逐渐变得暴戾的空气，与她耳机里正在播放的歌很不搭。

"可是我都输得只剩了二十块钱，不玩下去感觉好怪。"男生把他的帽子摆歪了一点点。

"你是说，不知道拿这二十块钱干什么吗？"

"差不多这个意思，不把它花完我睡不着觉。"在帽檐的下方，C正好看到了他那个有点儿不好意思地笑。

"去肯德基买杯热咖啡或买个冰淇淋呗，对面的炒河粉加两个荷包蛋也很赞。"C决定让自己突如其来的善良多延续几秒。

"你在听什么歌，感觉好熟……"他皱着眉头努力回忆，C刚想把"晴天"说出口，他已经跟着耳机漏出来的旋律低声哼唱起来："为你翘课的那一天／花落的那一天／教室的那一间／我怎么看不见／消失的下雨天／我好想再淋一遍……"

F没想到自己还那么清楚地记得歌词，《晴天》是他弹钢琴学会的第一首歌，也是最后一首。那年他十岁，还是比较喜欢玩游戏机和抓同桌的小马尾的年纪。奇怪吗，学钢琴他只坚持了十天，但喜欢周董他坚持了十年。直到再也不关注他出的新歌听到他结婚生子的消息也再无情绪，但"哎哟不错哦"这句标语就像是望海塔上的那个台风眼，每每想起都历经一次回忆的海啸，青春期里接踵而来的台风横盘大街小巷，他是在站在楼顶的小男孩儿，兴奋着这个世界的混乱，又心疼被大风刮走的新T恤。

"这个季节没有人会去买冰淇淋。"

"哦，我忘了这不是家乡，我们那边处于亚热带，冬天也不会太冷。"

"你现在想吃冰淇淋？"

"不想。我初中的时候很喜欢冬天吃冰淇淋，觉得刺激。"

"都快过年了，你怎么不回家呀？"

"现在喝杯热咖啡不错，你实在很想花掉这二十块钱的话。"

很多人问过C这个问题，你怎么不回家过年，她真的懒得回答了。

"是去下面的肯德基买吗？"

"不，下面那个肯德基太虚伪了，明明写着二十四小时营业但十二点就关门了。你要去五角场那个肯德基，下楼左转六七分钟就到了。"

"二十块钱够买两杯了吧，你想喝什么？"

"拿铁半糖加奶精。"

反而C很喜欢深夜所有人走后一个人待在空荡荡的桌球厅的时候。她重新戴上耳机，开始把所有桌上的球收起来清洗。那天阿黎发来信息，说如果你想回家，我马上帮你订机票，去年酿的果酒刚好这几天可以开封了。

C很心动。都准备回去收拾行李了。结果你猜怎么着？她走错了路，路过一个桌球俱乐部。一时兴起她走进去打了几局，和一个其貌不扬的男生PK，三比零被虐得体无完肤。这个仇非报不可，于是她干脆留下来练球了。也许人生迷人的部分不一定是如愿以偿，而是阴差阳错。

　　当F握着两杯尚有余热的咖啡回到桌球厅，那个女孩儿却不见了。他环视一圈，看到角落里那个阴影。女孩儿歪在沙发上睡着了，蜷缩着身体，还戴着那个硕大的白色耳机。他凑近一听，耳机里播着的还是周董的《听妈妈的话》。都是旧歌，他也喜欢听旧歌。

　　但如果你真的听妈妈的话，就不应该戴着耳机睡觉。如果现在放的不是这首歌，我也不会多管闲事地帮你把音乐关掉。你不喜欢虚伪的肯德基，碰巧我也是。

　　听妈妈的话，就这一次吧。

他再没有写出喜欢的歌

　　梁镇从来没见过这么蠢的女生，明明打不过他，还非要跟他打水（输的人请对方喝一瓶饮料）还不让他放水。拜托，他高中的大部分时间都待在桌球室里，怎么可能会输给一个女生？

　　上帝作证，他真的不是故意让她输得这么惨的，更加不可能让一个女生买单，这可不是正宗闽南小伙的作风。

但打球结束，C直接走去前台扛了一箱果粒多放他手上，扔下一句愿赌服输就戴上了耳机没给他推脱的机会。

梁镇有点儿无奈地看着她，女生不是都有一种叫作撒娇的天赋吗？总是穿着粉色毛衣，套在身上松松垮垮的，牛仔裤看起来旧得像产于20世纪80年代的美国西部。头发乱糟糟地盘起，说话总是很大声，甚至有点儿凶巴巴，也许总是戴着耳机的缘故。她脖子上永远挂着一副耳机，像那种喜欢用摇滚震碎耳膜的高中生。你忍不住担心她突然聋掉从此再也听不到这个世界的声音。

他突然觉得，这个女生倔强起来的样子，很可爱。

就算他从来不喝果粒多，他只喝可乐。他喝水都只用一个杯子，十六岁生日收到的一个陶瓷杯。后来杯子摔碎，他连水都不想喝了。

每个人都有脑子进水的时刻吧，尤其在夜晚。

C现在上夜班，十二点过后就没什么人来打球了。偶尔有几个人来换硬币玩老虎机。她遇到过上班偷溜出来的烟枪大叔，遇到过从隔壁网吧跑进来跟她借身份证上网的未成年人，遇到过跟她借两块创可贴贴在胸口上的醉酒女孩儿，遇到过总是AA制的外国友人。F还是在凌晨一两点钟的时候来玩几局老虎机，赢的时候请她喝瓶旺仔。陪她聊会儿天，大概一两首歌的时间。他们喜欢的歌手再也没有写出喜欢的歌，所以C只好日复一日地循环那些旧歌。

看过一本书，一个日本作家写的。主人公是一个酷爱音乐的死神，他只对音乐有感情，随便什么音乐，只要是音乐。又因为音乐是人类创造的，他才对人类有了那么一点点怜悯。他们没有通讯或约会的概念，当死神想见同伴的时候，只要去能够听音乐的地方就可以了，总能见到。有一个场景C记得很深，在老妇人的发廊里，死神用收录机播放CD，老妇人坐在沙发上休息，很快就睡着了。死神把老妇人抱到床上，再回到一楼继续听CD直到天亮。

C有时候觉得自己像那个冷酷无情的死神，但有时候她更希望自己是那个被死神抱回房间的老妇人。

只要不停掉我的音乐，一切愚蠢都情有可原。

甜蜜的指挥

转眼新年就到了，没有爆竹没有烟花没有老爸老妈的红包，这是C第一次在别的城市过年。第一次在桌球的碰撞声中，在老虎机吞吐硬币的响声中，在抢红包的欢呼声中开启了全新的一年。她再也不想说什么新的一年新的自己这种狗屁话，她俯下身体，瞄准，定杆，击球，一记漂亮的尾洞反冲。

她太专注了，以至于当她发现挥杆不顺转头看到身后站着个神差鬼使的梁镇吓了好大一跳。关键是，他怀里抱着一束红玫瑰。眼神也有问题，让人不由得怀疑他提早得了老年痴呆症。

"C，如果你想打好桌球就做我女朋友。我保证教得你天下无敌。"说完他还特别浮夸地眨了眨眼睛。

你到底有什么毛病？

C在心里翻了一百个白眼，情急之下给门口经过的阿峰使了个眼神说不好意思我已经有男朋友了。"另外，"C义正词严，"不用你教，我也会天下无敌的。"

"祝你幸福！"他把玫瑰放在桌球台上，走了，黑色的休闲鞋还滑出来了一下。

……

C和阿峰不约而同做了个呕吐的动作。

虽然莫名其妙，但这是C长这么大以来第一次收到一大束可以塞满整个胸膛的花。以前也有收到过花，跟男生出去玩被路边的小女孩儿抓住衣角不买花就不放你走那种。高中的一个寒假，一个第一次见面的男生从另一个城市带着一朵娇艳的玫瑰而来。通常没什么情绪，随手塞进书包悄无声息地枯萎。

看《美人鱼》的时候，邓超把女主约出来还是送花吃西餐高逼格那一套，C凑在F的耳边说，觉得把花装进一个漂亮盒子里这种行为好俗。她以前一直觉得在一个被渲染得很浪漫的节日里，一个女生抱着一大束花走在街上显得蠢极了。她不是理解不了当玫瑰花吸引来一大波目光那种虚荣的幸福感，但她讨厌被指挥，大多数节日的作用就是人们被一大堆广告商指挥着去消费。特别是情人节，情侣们被各种令人心动的广告语指挥着买花送礼物排队吃根本吃不出味道的西餐。

在2016年的第一个晚上，C走在异乡的街头，以猜拳取胜逼着F陪他吃冰淇淋。也许是因为太冷了吧，她的想法有所改变，还是觉得蠢，但幸福的蠢事偶尔还是要做一下的嘛。

玫瑰花是偷来的，我爱你也是假的

看完电影出来C打了个电话给老爸，才知道原来老妈也没回去过年。她肺都气炸了！怎么会有这种女人，明明是她说："我不想看到你。既然你现在翅膀那么硬，就不要回来啦！家里有我没你，有你没我！"否则她怎么可能让老爸自己一个人在家过年？这个疯子。她一想到那个和她一样倔强的男人一个人吃年夜饭的画面就心疼得无以复加。

她立马打给老妈准备开骂，谢天谢地，手机欠费打不出了。

F和她讨论起周星驰的电影，碰巧他们最喜欢的都是《喜剧之王》。当你总是和一个人喜欢同一首歌同一部电影不小心说出同一句话，你就很容易产生一种你们是同类的惺惺相惜。C最喜欢的片段是：夜晚，有风，张柏芝直接用嘴给星夜搽唇膏，被推开，她转身就走，没走几步回头，风吹乱头发，她扬着嗓门儿喊，我最恨别人嘴唇破裂了！

她看了很多遍，那时候陪她看这部电影的男生还问过她，你要不要也帮我搽一下嘴唇？她当时回答，我的口红很贵的。

F问，你在笑什么？

她说，星爷的电影真的很好笑啊。

星爷是真正有风格的人，而且自成一格。坊间有很多他的传言，好的坏的，正面负面。她心怀期待，希望他走得更远，到达一个世俗标准再也无法衡量的高度。2014年看柴静对他的采访，一头银发，一开口还是一口极不标准的普通话。只记得一句话，你要是太认真的话，就有人不高兴了。2015年看陈公子的三集纪录片，再来一次，我依然不会改变自己。听说王菲和谢霆锋快要结婚，旧日MV上两人吃饭逛街打保龄球自始至终墨镜没摘下来过。到现在她都觉得，看周星驰看古惑仔片长大的那一代男生就是不一样。

刚才坐在电影院里看《美人鱼》，已然不是小时候懵懵懂懂看一个小人物在浮世中挣扎还觉得快乐的心情。你开始觉得残酷，因为谐星也会老去。

上帝似乎铁了心要在新年的第一天摧毁她的世界观。就在这条街，从C这里望过去的第三盏路灯，你猜她看到了什么?

梁镇。

他手里捧着一束花,含情脉脉地对倚在路灯杆上的女生说着一些肉麻兮兮的情话,女生欲擒故纵要走开,被拉回来,装模作样矜持了一会儿,接过花和即将落下来的吻。

他送给女生的玫瑰花,正是C早上扔进楼下垃圾桶的那一束。

她越走越快,只想快点儿回到自己的房间,戴上耳机,将整个世界屏蔽在外。她要把音量调到最大,她不怕耳朵被震聋。她甚至想在耳边后面纹个静音的图标,以拒绝来自这个世俗人间的甜言蜜语的腐蚀。

都怪你,你总是走掉

C越来越沉默,每天戴着耳机,一个人练球,把自己的身体摔到沙发上,发出的声响有些疲惫。有时候又会突然变得亢奋,一下子吃十个鸡翅,想喝双皮奶大半夜也要去找,又比如,在情人节这一天去沃尔玛购物,全买吃的,一个人推着购物车蹦蹦跳跳,在情侣后面做鬼脸。

当她提着一大袋零食走出商场,发现外面一片混乱,人们挤成一团,有人在尖叫,一张看似熟悉的脸庞在半空中从她眼前掠过,而后"砰"的一声,人群爆发出更凄厉的尖叫。

刚刚是有人跳楼！

C的脑袋嗡一声炸开了！她拼命挤进人围，血肉模糊倒在地上的那个人，黑色休闲鞋，黑色运动裤，卡其色连帽外套。她瞪大眼睛想要看得更清楚企图找到一个细节否认自己的猜想，但不可能更清楚了。

真的是，梁镇。

新年那天他抱着一束玫瑰去桌球厅穿的也是这套衣服。

怎么会是他？

前几天他不是还意气风发地准备泡遍天下美妞吗？

C失魂落魄回到宿舍，吃掉了所有零食，又抠着喉咙全部吐了出来。她打了个电话给老妈，一句话也说不出来。然后抱着枕头大哭了一场。她都不知道自己在伤心什么，生命的脆弱？世事的无常？书上说君子报仇十年不晚都是骗人的，她再也没有赢他的机会了。

她做了个梦，寒假学校没人喂猫，她拖着箱子回来看到那些流浪猫都饿死在食堂左旁那棵树下。她和老爸一起把它们埋在家乡海边的树林里。他比她还沉默，只说了一句话，都怪你，你总是走掉。

醒来后她当机立断买了张回家的机票，希望阿黎家的果酒还没被喝光。

这样看起来会很蠢吗

梁镇跳楼的那天，是他的初恋情人结婚的日子。

两个人从十六岁开始，中间吵吵闹闹磕磕绊绊分分合合好多次，所有看客都以为这些只是剧情需要，他们天生一对，注定要陪伴彼此度过这漫长的一生。他们说，再也没见过比他更痴情的男人。杯子摔坏了就不愿意喝水了。专业选错了就直接辍学了。女孩儿走掉了就不愿意呼吸了。他真傻。太傻了。

C觉得自己太蠢了，蠢到动不动就认为别人蠢。有时候为什么不想想，如果很多人做的真的是一件很蠢的事，那为什么只有你一个人发现了呢？真的只有你发现了吗？对于别人来说，有多少东西是比蠢不蠢更重要的呢？

回家那天，F送她到机场。他絮絮叨叨说了好多话，听歌音量开到一半就好、不要一接通电话就爆粗口骂人、下机下车都要带好你的包、喜欢听周董的歌的人不可以不听妈妈的话……C看着他嘴巴一张一合，突然踮起脚尖亲了他左脸颊一下。"车站里问路的人不要理他……"她再次踮起脚尖亲他的脸，这下还亲得有点儿久。

"我不是故意要亲你两下的，"她说，"但你太吵了，没办法。"

是啊，没办法。

"你知道吗，我买了两个花盆。"

"嗯？"

"我种了一些玫瑰，放在我房间的阳台上。"

"等你回来的时候，它们大概就开花了吧。"

"到时候你要端着两个花盆来机场接我吗？"

"这样会很蠢吗？"

"一点儿也不！"

和我跳舞吧，洛丽塔

姚康彩

1

考完数学后，我长呼一口气，把桌面上几张草稿纸揉成一团掷进垃圾箱。

我看着空中划过一道优美的抛物线，心想，这下好啦，我为自己省了两张电影票的钱。

2

阿怪又和他老妈吵架了。

他给我打电话，说他饿，没钱吃饭了。这家伙为什么每次都在领取生活费前夕和母亲大人吵架，我就从来不干这种蠢事。我从床上爬起来，扎起马尾，套上外套，踩着那双旧旧的人字拖跑去故人归。他坐在我对面，不知多少次向我控诉他的奇葩老妈，比如出门忘拔钥匙、吃面不肯洗碗、把相机放进冰箱、把他的魔方藏进床底、热衷和他抢电脑，抢不过就扬言要喝敌敌畏。而这一次，"她居然把用过的绿泥面膜随手扔进我的鱼缸里，今天早上我发现有两条小斑鱼死掉了，它们鼓着眼睛，漂浮在浑浊的水里。世界上怎么会有这种老妈！"他一脸气愤，说着脖子上的青筋都凸了起来。

我憋着一脸笑，把好好一根吸管咬得乱七八糟。其实在我心里，阿怪就是一奇葩，不然怎么叫阿怪？

他极端偏科，数学稳居全级第一，语文从未突破四字开头。语文课永远在睡觉，老师罚他去操场跑步，他懒洋洋丢下一句"我觉得学语文根本就是浪费时间"；他喜欢穿一些很旧的款式很老的牛仔裤，全校没有第二版，校花曾说他是全校穿衣服最有味道的男生，但阿怪告诉我，其实那些都是他爸爸的裤子，而他爸爸在他九岁那年去了另一个世界；他酷爱养鱼，每年春天都会跑去水族馆买四五条小金鱼回来养，令他苦恼的是，它们总会死掉，先是死一条，再死一条，然后全部死掉，年年如此，就像我的耳洞，一不留神，它们就会全部愈合；他是路痴，我已经记不清出现了多少次他说去上个厕所或去马路对面买瓶水然后就失踪了的状况。

阿怪话不多，但他一谈起话来总是在回忆过去。他老是没完没了地讲他的小时候，讲他的波珠、他的四驱车、他的魔法牌，讲他英雄般的老爸帮他做书架，还讲他要命的小青梅竹马，那个穿着背带裙和黑色小皮鞋每天被妈妈逼着练琴的小萝莉，她给他写过一百封信，他帮她抄过二百次作业，他们建立一座秘密花园，里面种着他们的牙齿和永远不要长大的誓言。

好在他不是跟别人讲，是跟我讲。

桌前的黑加仑汁空了大半杯，我似乎听见从午休的昏暗中传来一阵阵无精打采的钢琴练习声。于是我不得不提醒自己，听阿怪讲事情不能太投入。有些东西需要点到就止生活才好继续。阿怪不懂这个，他知道方程的定义域知道抛物线的轨迹知道从抽屉里抽出一个红色球的概率是多少，但他始终搞不懂这个。

我和他十三岁就认识，早已熟到发臭，但他还是常常让我感到迷茫，我搞不好他是一个深藏不露的天才还是一个货真价实的蠢货。

3

"小暴小暴，今天星期几？"

她从一堆杂志中抬起头，指指墙上的日历，然后重新把头埋下去。阿怪故意大声说着冷笑话："小明对爸爸说，我长大后要娶奶奶！爸爸问为什么啊。小明说，因为奶奶疼我。爸爸生气地说，你怎么能娶我妈呢！小明也不服气地说，那你怎么能娶我妈！"我哈哈大笑几声，却瞥见趴在桌子上的小暴依然无动于衷，有几个学生推门进来，她拖着疲惫的身躯去给客人点餐。

小暴最近无精打采。

她不应该是这样的，不应该这样面带倦容、笑容敷衍、悲喜难辨、日复一日。老K说从她第一次冲进他的店里跟他借手机打电话开始，他就觉得这是一个有趣的女孩子。她跟电话那头的人激烈地争论着什么，语速又快又急，把他手机里的话费全部打光了。于是他对她说，没办法了，我也不好意思让你还我话费，不如你来我店里端盘子吧。

以往店里一遍接一遍放着歌"啦啦啦啦啦啦／我是你的香奈儿／你是我的模特儿／亲爱的／让我们好好配合／让我们慢慢选择"，小暴晃动着身体，不停说着"欢迎光临谢谢惠顾，哦亲爱的别忘了拿吸管"。阿怪还用他停留在小学的作文水平写过她："我有个朋友叫小暴，她很瘦，瘦得只剩下骨头了，每次刮台风我都替她担心，恨不得用我的大书包绑着她。但她很快乐，她总是很快乐，鬼才知道她在快乐些什么……"

小暴说："我不是快乐，你明白那种想随着音乐跳舞的感觉吗？"

说实话，我不了解。

她拖着一个拉杠箱，说我要去游荡四方；她剪掉长发，说我没有需要被遮住的忧伤；她含着一颗糖，说这里天气真好我不想走了；她坐在音响上，说唱歌不如跳舞，跳舞不如恋爱，恋爱不如消失；你想送她一朵完美的花，她说别告诉我原来是会自残的她；你问她旅行的意义是什么，她只是重复着一首叫《我愿意》的歌。啦啦啦啦啦啦。

我听完一个别人的故事，回到自己的房间。过期杂志上登着太多早逝青春，路人的嘴里全是对别人生命的揣测，但为什么我拿不出一个像样的故事说给别人听呢？曾经的张扬和叛逆像梦游，现在我只能不停地做题，别无选择地承认自己是一个资质平平的人。因为我想考一个好大学，然后呢？找一份好工作？再然后呢？我不愿意继续想下去。

灯光太亮，让人的欲望无处可逃，我随便找个角落坐着，然后干脆把房间里的灯泡拧了下来。

4

阿怪妈妈打电话来，问我阿怪去哪儿了怎么这么晚还不回家，我翻着白眼，嘴里却替他撒着谎说好像有个朋友生日可能玩过了头。我打他电话，无人接听。又玩失踪。

我咬牙切齿地穿上外套，再一次踏上寻找阿怪的路途。一条街越走越暗，我想说，阿怪，我们都不小了，能不能不要再那么幼稚？我还想着，等我找到了这家伙，我一定要狠狠揍他两拳，好让他长点儿记性。可是找到最后，我在一家便利店外看到他背着他旧旧的大书包，一个人坐在长椅上摆弄着一个魔方。

我忽然一点儿脾气也没有了。

我不知道从什么时候开始，他已经学会如何独自神伤。我在他旁边坐下，坐了十分钟，一句话也没有问。第二天一大早他给我打电话，说他最后的两条小丑鱼昨晚死掉了，他看到它们的尸体，觉得很伤心。

"为什么我养的鱼都活不长呢？"他说，"我已经很小心在照顾它们了，为什么它们还是死了？为什么啊？管鱼，你不觉得很蹊跷吗？我怎么想也想不明白，我怀疑有人偷偷溜进我房间谋杀了我的金鱼……"

我揉着发痛的眼眶，终于忍不住爆发："你是不是有病？你一大早把我吵醒就为了跟我说你的鱼？你知不知道昨晚我为了找你走了多久的路？你知不知道我中午还要挤公交去补课？我最近被数学搞得够焦头烂额的了，你就别再拿那几条破鱼来烦我了行吗……"

他在那边愣了半分钟，吐出一句让我心碎的话："管鱼，你什么时候变得这么俗了？"

我冷笑一声，"你数学次次考140分当然不俗，你情趣高雅天天为几条鱼牵肠挂肚我是学不来的了。你不俗，你不屑于应试教育，你做数学熬过多少通宵别以为我不知道！"

他激动起来："我是真的喜欢数学！你明明知道的！我不是——"没等他说完，我迅速挂掉电话。终于让眼泪流了出来。

我坐在沙发上，抱着自己的膝盖，越哭越委屈。我承认，越长大我变得越俗气，全世界都可以这么觉得，全世界都可以这么说，但唯独你，不可以。

5

本来我跟他约好，如果这次月考数学及格就请他去看电影。结果没及格。那通电话过后，他来跟我道歉，笨拙地想说一些安慰我的话，但切合实际的只有最后一句：不如由我请你去看电影怎么样？

我说，我这种俗气的姑娘只喜欢看爱情片。

他说，不俗不俗，爱情怎么会俗呢！

我说，这可是你说的，那就看《小时代》吧。

他脸上闪过某种类似便秘的表情，装作很欢快地说，好啊好啊。同时用余光小心翼翼地观察着我的面部表情。

我纵是再能装，也忍不住笑了出来。

可惜，不按常理出牌已经成了他的风格——晚上我被放了鸽子。

我捏着两张电影票准备往回走，却看到了姗姗来迟满头大汗的阿怪同学。他叉着膝盖大口大口喘着气，我递给他一瓶水，听他讲路痴历险记：在半路接到小暴的电话求他帮忙买两盒焦糖送去故人归，他把这看作一件十分钟就能搞定的事于是爽快地答应了，可是大益茶里的焦糖刚好卖完了，他只好去另一家，等买到了焦糖他却找不到回去的路了，等找到了路电影已经开始了，等他赶到我已经准备走了，不过幸好，我们还是看到了彼此。这简直可以当作一个美妙的追及与相遇问题来分析，可是物理成绩辉煌的阿怪同学也算不出，我们一共有多少次相遇的机会。

既然看不成电影了，我们去水族馆逛逛吧。我提议。

好啊好啊。

我看着他孩子气的笑容也忍不住跟着雀跃起来，喜欢一个人格复杂的男孩儿就像做一张数学试卷的压轴题。

6

我想起一个故事，是说有一种鱼，晶莹璀璨，色彩斑斓，天生具有令人心碎的气息。它们喜欢夜生活，白天永远不醒。睡觉时，总梦游，喜欢折磨爱自己的鱼，于是A爱B，B爱C，C爱D……Y爱Z，Z爱A。睡梦中间，首尾咬成一串。你可以在白天把他们当项链戴，极美丽。晚上你睡觉，扔它们在池里，它们自会忘记梦里的爱情，周而复始。

你瞧，我喜欢阿怪，阿怪迷恋小暴，小暴只钟情远方。我们都是这么一群深情到没心没肺的鱼，咕噜咕噜，好不快活。

7

小暴要走了，没什么特别的原因，就像她当初来这座城市一样。也许她会一个城市接一个城市流浪下去，也许她会遇到一个和她一样喜欢跳舞的男孩儿，也许也会有一天，她重新出现在我面前，依然恬不知耻说着"我渴望有人至死都暴烈地爱着我"这种甜蜜的混账话。

不记得是去年的月考结束那晚还是平安夜，我们坐在故人归里打牌，输的人要贴白条，我们玩到音乐停止人群散去还是不想告别。我们对老K说，别打烊，别赶我们走，我们不想回家。老K狡黠一笑，说其实我也不想回家，不想回到一个人的房间。小暴在手机上看到一个教人DIY手机放映机的帖子，我们找来空的鞋盒和放大镜，拿着铅笔和直尺，兴奋地搅鼓起来。那个凌晨我们四个人坐在黑暗中，看了一部老电影《卡萨布兰卡》，最后飞机起飞，瑞克对警官说，路易，我认为这是我们美好友谊的开始。我看到要哭，却笑着说，天啊，请赐给我一个像Rick

这么帅的男人吧。

有些夜晚我们不需要睡觉。

我们用来狂欢，悲伤，追问一些明明很有趣的事情为什么渐渐变得无聊透顶，想念那些不知不觉消失了的人。等到天光大亮，我们拥抱彼此，挥手告别，后会无期。

我们不害怕做噩梦，不害怕黑眼圈，不害怕遇到酒鬼。只害怕过了这一晚，我们就失去了跳舞的欲望。

这个夏天，和你一起去看海

钟龙熙

他的歌声里有阳光和花香，还有海的味道

早上噼里啪啦下的雨，到上午第四节课就完全停了，低垂的阴沉沉的乌云也似乎被北来的风一扫而光。新生的鲜绿的常绿阔叶林的树叶随风摇曳，在阳光底下闪烁。

太阳光线已经透出了初夏的气息了。

第五节是音乐课，许安诺向来不喜欢集体活动，她一贯认为那是在浪费时间，她比较倾向于留在教室里做作业，毕竟高一的课业是有些繁重。更重要的是她不喜欢那个又矮又胖还喜欢戴墨镜装酷的教音乐的中年妇女。而且她对自己的声音并不是那么满意，所以她从来不喜欢上音乐课。

她喜欢并享受一个人独处的时间，她总是想逃课去看草长莺飞，去听花开半夏，去写浮生若梦。可是她从来没有逃过一次课，这一次也万般不情愿地硬着头皮走去音乐室。

但是这一次不同，尽管自己在门口喊了声"报告"显得有些窘迫，也没有把音乐书带来。但她还是开心的，蝉儿已经开始聒噪了，可她分明听到了身边的男孩儿歌声里的阳光和花香，还有海的味道。

歌声结束，这声音从耳朵流进心里，像海水一样在心底推开一片平静而光滑的海滩，反复有细微洁白的浪花，来来回回一层一层地在上面荡过来散开去。她仿佛已经闻到了迎面吹来的咸咸的海风。

听说夏天是最容易发生故事的季节

和所有的文科班一样，许安诺所在的班级也是不协调的女多男少的局面，而且她们班的男生少得都成班里国宝的稀有程度了。班里的雄性除了少这一个特质外，还有让人大跌眼镜的意外个性，典型的"纪律差，成绩差，品行差"，个个都是一副幼儿园刚毕业调皮捣蛋模样。

整天把教室搞得乌烟瘴气，鸡犬不宁的，让校领导不厌其烦地一次又一次点名批评。真如班主任所说，这是他带过的最乱最调皮的班级，都要少活几年了。

不管班主任如何大发雷霆，他们总是死性不改，即使悔过自新，不出三天又会原形毕露。教室后面的宣传栏都快被他们的检讨书贴满了……

有些胖嘟嘟的戴着眼镜的语文老师正拿本书在讲台上口若悬河地讲着，教室却上演着"老师讲台上大声说，学生底下小声嘀咕"的戏码。

许安诺停止做笔记，皱眉有些恼怒地扭头看向不和谐声源处，教室后面男生的王国里，几个男同学正围成一团低头看漫画书，不时发出猥琐的笑声，完全无视讲台上的老师。

见他们没有消停的意思，许安诺只好转头看黑板，正巧看见杨紫妍在看着自己，不，或者应该说她在看后面那堆乐在其中的男生顺便瞄一眼自己。嘴角挂着一缕轻蔑的笑，不知道是在笑那些男生还是许安诺。

不得不说，杨紫妍真是个美人胚子，肤白，貌美，一袭黑瀑布似的及腰长发让多少女生自愧不如，又让多少男生梦寐以求。而且她不仅有美貌，成绩又拔尖，还是班干部，这就是无数青春期躁动的男生心目中的女神了吧……

夏天的空气都弥漫着糖果的味道

中午午休时间，太阳晒得可怕，班主任把没交作业和违反纪律班规的同学赶去田径场蛙跳了。顶着灼热的烈日蛙跳，那真是现代校园十大酷刑之一，班里很多同学吃完饭凑一堆站在走廊吹风吹牛顺便看蛙跳的好戏码。间杂男生逗女生，特别是逗杨紫研的情况发生。

许安诺实在是看不惯，而且分外讨厌这种气氛，于是一个人站得远远的，拿着杯子边喝水边欣赏校园的绿树。不管别人怎么说她不近人情，孤僻冷傲也好，反正她仍旧我行我素做一个特立独行的孤雁，或者独行侠？

她真的是无心的，本来视力就极佳，稍稍远眺放远目光就可以看清楼下的人脸。就那样猝不及防的，裴优走进她的眼帘，撞进她的心房。

那清一色的男生里，他显得格外惹眼，令人忍不住让眼光多流连在他身上几秒。许安诺本就对这种阳光帅气正经里带点儿不正经，但这点儿不正经还不耽误正经的男生毫无免疫力。看着他满头大汗的还同身边的同学嘻嘻哈哈的样子，真不知道他是习惯了这种惩罚方式还是乐观主义者。

总之，她开始注意到这个男生了……

而裴优，长得一表人才，却是坏学生的代名词。在优差生分水岭的后边当炮灰，这还不止，他还是那堆"三差"男生的领袖，起带头作用的存在。只不过好端端的中性词用在他身上就硬生生变成了贬义词。老实说，把班主任气得七窍生烟，把班里弄得鸡飞狗跳的有他一半的功劳，他们班从未得过双优班更是拜他所赐。

都说好事成双，坏人也喜欢扎堆，他裴优还有个人模狗样与他不分伯仲的狐朋狗友叫苏叶晨。

苏叶晨性质与他相比更恶劣，往往是有过之而无不及。裴优坏是坏，好歹还有底线，从不欺负女生，至于苏叶晨，简直就是个采花贼，整天喜欢"调戏"女生。对杨紫研尤其感兴趣，两人是三天一小吵五天一大闹，一点点鸡毛蒜皮的事也能引起星球大战，许安诺对他们这种幼稚的行为很无语。

只是，蝉儿不知疲倦的叫声似乎扰乱了她波澜不惊的心境……

在她和裴优不经意的眼神接触时，她不自在地错开目光，可心却不诚实了。感觉夏日里的空气都开始弥漫着糖果的味道。

嘴角上扬的弧度是年少的秘密

许安诺是习惯了傍晚放学后教室空了再走的，往简单说就是她是负责锁门的。那天一切照旧，夕阳的余晖洋洋洒洒地落一地金黄，等最后一个同学也离开了以后，许安诺收拾好书包，上讲台擦干净黑板。检查窗户关密实后就锁前门，然后穿过走廊去锁后门。

她停下脚步望着下面绿草如茵的操场，不知道在想着什么，心里乱糟糟的好像有什么在生长。抬头看见黄澄澄的天空，心情无缘由地大好，她果然还是最喜欢天空的颜色。

经过隔壁班后转角就是楼梯口，她被眼前的景象惊呆了，那个让她怦然心动的男孩儿，此刻正倚着楼梯的扶手以支撑身体，双腿像筛糠一样不断颤抖。

哦，她突然想起来他好像今天中午又被班主任罚去蛙跳了吧！

许安诺无视他歪起嘴角迷倒万千少女的坏笑，冷着脸准备越过他。裴优见她反应冷淡，愣了一下反应过来急忙把手无力地伸到半空，卸下痞气的伪装。语气里带着几分失望与无奈的味道，"那个，安什么来着，扶我下去行吗？"

许安诺条件反射地瞪他一眼，嘴巴用力地抿成一条线，也不移步离开。

见她好像有些不满，裴优又不知道自己说错了什么冒犯了她，懊恼地挠挠头，口气软软地说："扶我下去就当是学雷锋助人为乐嘛，麻烦你啦，安同学。"

许安诺不注视着地面，闷声道："我姓许。"然后面无表情地走上去，作势要扶他，裴优见状大喜，连忙把身体的一部分重量压过去。这一压了不得了了，本来许安诺就没做好准备，加上她力气又小，裴优整个人都倒在她身上，两个人像是抱在一起。

许安诺怨恨地剜他一眼，而裴优调皮地吐舌头卖萌连忙打哈哈缓解尴尬。许安诺费了九牛二虎之力才把他扶到一楼，这也算大功一件，可许安诺又犯难了。他这样三级残废还可以踩单车回家吗？要不要送他去坐公交车？

"怎么了？安同学？"看她蹙眉苦恼的样子，裴优问她，笑容凝固在脸上像个面具。

"你……要不要我送你去校门口的公交车站？"许安诺说的声音极小，有点儿心不在焉的像是在掂量着怎样才能四两拨千斤把他"运"出去。

裴优被她这个可爱的小举动逗乐了，笑着说："有人来接我的，所以安同学你就安心地回家吧，一路顺风啊！"

她很不喜欢一路顺风这个成语，因为同学说完一路顺风往往就会接半路失踪。不过他是个例外，因为他的笑容很干净，有治愈的味道。所以，她可以相信他不会失踪了吧？

"那么，我先走咯。"

夕阳下少女的背影显得那样挺拔，像竹子般清秀苍翠。裴优弯着膝盖向她挥手，她一直朝前走没有回头。

可是感觉得到他一直在看着自己，真奇怪，她怎么会不由自主地弯起嘴角了呢？好像夏天里的空气都变得甜甜的。

单车后座的美好时光

第二天午休时间，裴优安静地坐在靠近后门的座位上，冲转过头的许安诺投去友好一笑。她冷淡地扫过他一眼，继而扭头来到黑板处，心里照旧波澜不惊，却有个地方感到很温柔。

可能是因为腿脚不便，裴优今天一整天都安分守己的，甚至破天荒地主动把作业做了，这令人惊讶的程度真的不亚于火星撞地球。平时和他一起嬉笑怒骂的好哥们儿纷纷问他是不是吃错药了，推搡之间，他只得无奈地挂着笑脸说，不敢再去蛙跳了。男生们觉得无趣，便不再开他玩笑，众人一哄而散。

太阳西沉，同学们熙熙攘攘地成群步出校门，阳光倾泻在他们周身，勾勒出青春的轮廓，每一张笑脸都像茁壮成长的花儿般艳丽而充满朝气。

许安诺感觉人走得差不多了才停笔收拾书包，站起来习惯性地回头环视四周，看见他那一刻，心里震惊酸涩交加。全班的板凳都整齐地倒放在桌面，透过层层凳脚，逆光之下，她又看见那个带着治愈味道的男生了，一直感觉他像夏目贵志大抵也是因此吧。

前文都说了许安诺是个小大人，这种时刻肯定也是不动声色地继续自己的事。假装波澜不惊地关窗关风扇，裴优见机行事立马狗腿地上去有样学样，于是黑板前出现了一高一矮的身影，拉窗帘时也是，在许安诺锁前门时他就疾跑过去关后门，大概是脚还没好跑起步来有点儿别扭很不灵活的样子。

"裴优，你是吃错药了还是忘吃药了？干吗一直跟着我？"许安诺皱起好看的眉，有些不悦地问他。他依旧一副嬉皮笑脸地说："药吃多了。""我可不会再扶你了啊！"扔下这句话，许安诺就大步流星地走开，裴优见状连忙小跑跟上。

许安诺有意走得特别快，大概是想甩掉裴优这个烦人的跟屁虫吧。可她走得越快，裴优跟得越紧，她加快步伐，他也加快。她放缓脚步，他也慢下来，这样你追我赶的游戏玩得不亦乐乎。作为"病人"的裴优终于受不了了，他停下来冲她大喊："喂！许安诺，走那么快干吗？赶着去投胎啊？"

许安诺做一个深呼吸，极力平息自己的怒气，没好气地说："那你跟着我干吗？"裴优这下算是语塞了，有些不好意思地挠头，像被老师叫起来回答问题而自己不会般苦恼着不知道怎么说般窘迫。

事情的最后是，许安诺斩钉截铁地拒绝他的"好意"，结果出校门才知道今天下午公交车改道，于是只好将就将就坐在裴优的单车后座。但是平时神气十足的"单车小霸王"在伤筋动骨和后座的许安诺的双重大山压制下，控制车头扭来扭去得糟透了，像喝醉酒一样。最后改由许安诺来踩，还是因为裴优的重量而放弃，有好几次都差点儿撞上路边的电线杆子。

两人累得满头大汗，认命地推着脚踏车走在回家的路上，太阳真正沉到地平线时，余晖下他们的剪影美好得像个童话。裴优真的很高兴能送她回家，尽管过程太过艰辛不堪入目，许安诺自然也不反感他的这遭。

在十字路口互道再见后许安诺转身走进巷子里，昏暗的路灯开始亮起来。裴优叹口气，弯腰捶捶发酸的腿，熟练地推过自行车然后踩远。

他飞快地踩着单车，在夕阳里伸手说要将风儿捕捉。感觉世界变成了一桢水墨画，最好看的水墨画。

夕阳下的吻像个童话故事

转折是什么呢？大概是那天苏叶晨又故意在杨紫研值日的时候捣乱，被记名后死皮赖脸地去求情，心情不糟的班花终于决定下手了，于是唆使苏叶晨把准备好的"情书"送给裴优。

有没有告白成功许安诺不知道，那时杨紫研眉飞色舞对她笑得成竹在胸的模样。而裴优却依旧吊儿郎当的，没有任何异样，这样不动声色的他让习惯了沉默的许安诺预感不妙，有点儿莫名的心慌……

下午放学裴优留下来让她觉得很惊讶，赌气般的，许安诺自顾自地干自己的事情。他熟练地帮她关窗拉窗帘，然后等她一起回去，全程两人默契地一句话也没说。下到一楼准备挥手说再见时，裴优笑得有点儿幸灾乐祸并对她说："许安诺，我载你回家吧！"

"不要。"想都没想她就直截了当地拒绝，不留余地。

裴优早知道她会这么说，许安诺是个有"好胳膊好腿儿自个儿去赚钱养活自个儿"这种高度独立的观念的人。他还是笑着，嘴角微微弯起，哼着小曲儿，"听说，修路时单车后座和放学回家更配哦……"

许安诺少女式横坐在裴优后面，抓住他的衣角，黄昏来临的时候，给人感觉很温柔的样子，在地平线上摇摇欲坠。这次的裴优骑得很快，全然没有上次东倒西歪的颠簸，迎面而来的风扬起青春的模样，他们的头发飞扬在缓缓流动的时光里。

"裴优……"

"嗯？是想问我那件事吗？我拒绝了她。"

"为什么？"

"因为所以科学道理不说也可以。"说这句话的时候许安诺听到了他专属的爽朗的笑声，不知为何心里落下了一块大石。

"是因为苏叶晨喜欢她吗？"

"一半一半吧，不过你看不出来杨紫研不喜欢你吗？"

他们又再次陷入沉默，渐渐地，圆形的太阳变成半圆形了，太阳的光芒也不像平日那么刺眼，变得越来越缥缈，逐渐变得模糊起来。云在微弱的太阳光照射下，颜色由原来的火红变成橘红色的了。

许安诺开始看到熟悉的路标，快到了，可是她的话还没说完。要说什么呢？她也不清楚……

许安诺轻快地跳下车，裴优扶着车头和她面对面站着，夕阳勾勒着他们羞涩的剪影。

"许安诺……"

裴优喊她那一刻她抬头看他，本来以为看到的会是会是他一如既往狡黠地露出八颗牙齿的笑。结果他欺身过来撩起她的刘海在她的额头落下一个温柔的吻。

在她没有抬眸那一刻，他用唇语说了句，我喜欢你，主角是许安诺。

许安诺心里翻云覆雨，像是打翻了上帝的海洋，哦，天哪，她的小心脏简直快得像知了在比赛唱歌。火烧云爬上脸颊，让她手足无措得像个孩子。

返身走回巷子的路上，许安诺心不在焉像失魂般沦陷在不知名的漩涡，失神地伸手触摸额上他吻过的皮肤，像是在发烫般。她的脸突然又烧起来了……

心里的夏季和身外的夏季一样完美

许安诺抱着书走在走廊上，整个校园寂静得像是沉默的风，夕阳微微醉人。

许安诺突然站住了脚步，屏住呼吸不好继续往前走。她注视着来人，心直跳起来，又给他那脚步按捺下去，仿佛一步步都踏在心上，那脚步半路停住，心也给它踏住不敢动，好一会儿心被压得不能容忍了，他又恶作剧般加快脚步走近来。

像电影里的慢镜头，许安诺感觉全世界只剩下微笑着迎面而来的裴优了。

他站在她几步远的地方，眼里的热烈让许安诺不敢直视，只好转移视线，"你听见老师念我的名字了吗？我数学考了117分。"

听见他语气里掩饰不住的洋洋得意，许安诺恶作剧般口气冷漠地说了句"没有"。其实，她听见了，老师还把他当正面教材夸夸其谈借题发挥了一般，只是什么"洗心革面"的理论她并不认同，对裴优她只有一句"革命尚未成功，同志仍需努力"。

裴优的脸有点儿垮了，那笑意淡下去，可他眼里还泛着光。本来他那天他没有对她说出那句喜欢，就是想着变优秀了，有底气了再向她表白。可现在……不对！裴优是谁啊？文科班的猴子王唉，怎么可以退缩！

"我这次英语考得也不错。"

"嗯，我知道。"

"我想努力变优秀，站上领奖台，和你并肩。"

天，真糟糕，蝉儿的声音开始慢慢变弱了，心跳这么快，会不会被他听见。

他做了一个深呼吸，像是鼓起了很大的勇气，"这个夏天，我想和你一起去看海，许安诺，你接受我的告白吗？"

蝉儿的声音完全止息了，他好听的声音钻进耳朵里，不停地打滑，溜进她的心里。

许安诺极力表现出超热烈的平静，她把被飓风搅乱的内心装饰得风平浪静。她没有说话，转身，迈开步伐，步调轻快得像是掠过湖面的燕子。转身那一刻偷瞄到裴优眼里的落寞，她狡黠地笑了，终于捉弄到你了！

跑开几步，她俏皮地回过身倒退着，冲泄气的气球般垂头丧气的裴优喊道："骗你的！其实我听到了，老师夸你进步很大，数学从30分考到了100分。"他眼里开始焕发出盛夏的光彩。她接着说："来而不往非礼也，关于你的告白，我可以勉强接受，但是要分期付款！下一次月考，我要在前十名里看见你的名字。"

话音刚落，蝉儿齐奏乐章，将校园闹成一片喧腾的海。他笑了，她也笑了，眼里，有夏天和对方。

"好！"

真好，他的歌声里有阳光，有花香，还有海的味道。

真好，她的文字里有忧伤，有明媚，还有夏日的冰淇淋。

感觉心里的夏季和身外的夏季一样完美。

与阳光为伴

请走在我的身边，做我的朋友

街　猫

我的一只人字拖不见了

遇到这种奇葩女孩儿，我真是醉得不行不行的了。

住我的房间蹭我的Wi-Fi还抱怨网络不给力摔枕头。

穿我的睡衣盖我的被子还非要把炸酱面端到床上吃。

用我的碗吃我拌的面完了要猜拳决定谁洗碗。

愿赌服输已经是我最后的善良，偏偏她还不知死活地在大半夜把我摇醒，告诉我她的一只人字拖不见了。她想上厕所。

一百个"滚你"涌上我的喉咙，我火大反而沉着，迅疾地抓起地上一只花色人字拖恶狠狠地扔出窗外"啪"一声落地，清脆又悦耳。

"现在另一只也不见了，你可以去上厕所了。"

我扯过被子从头盖到脚，懒得去看她什么表情。

一到冬天我就想谈恋爱

我打电话给阿黎，告诉他，小暴不见了。

你们是在玩躲猫猫吗？

这是我最喜欢的一个游戏，但现在我没有心情开玩笑。

实在搞笑，大冬天的夜晚，我为了一个压根不认识的小妞钻出被窝穿鞋穿袜走出街漫无目的地寻找。

"小暴到底是谁？"

"我朋友。"我一开口，便呵出一口白霜。

"什么朋友，她没有家吗？"

"离家出走。"

"所以现在她是在玩离家出走中的离家出走咯？"

"她干吗要离家出走二次方？"

"我把她的人字拖扔了。"

"阿宝，你真可爱。"

我最恨这句。

他伸手过来又想捏我的脸，我狠狠地在他手臂上咬了一口。

你才可爱，你全家都可爱。

与阳光为伴

我心跳紊乱，类似于小时候做错事怕被发现的那种感觉，又像是以为自己做错了某件事但其实没做错。一点点骄傲，一点点恐惧，一点点内疚。我看着他因为痛而皱起的眉头，路灯不动声色地暗了一格。

好在，我们最后在卡卡书屋找到了她。

我先是看到了她的烟灰色毛衣，她很认真端着一本海明威的书在看，走近一看，才发现她已经在书的后面睡着了，长长的睫毛在灯光下投下阴影。

呼。

我以为小暴会有那种报复式恶作剧成功的得意。作为躲猫猫这个游戏的骨灰级粉丝，我相当了解藏得越深的人越渴望被找到。

可是，她没有。

在公路边等车时，她附在我耳边轻轻说了一句对不起。

真冷。

可是我喜欢冬天，我最喜欢冬天。

阿黎脱下外套，沉默而粗鲁地披在小暴的肩上——她的确穿得单薄，一直在耸着肩膀，做出萧瑟的表情。

毕竟我也是个女生，还是他多年老友，我得承认我心里有点儿酸。

于是我斜着眼睛瞟他，嚷嚷说，大爷，姑奶奶我也很冷啊。

阿黎歪着嘴笑了一下，然后走上来，张开手抱住了我。

很突然的一个拥抱。

站在他身后的小暴，一眼笑意。她说，我喜欢冬天。一到冬天我就想吃雪糕，放烟花，看海。

吃雪糕。放烟花。看海。

"你们这些小女生啊……"阿黎少年老成地发出一声叹息。

"不过也不是什么复杂的愿望，对吧阿宝？"

她直直地看着我的眼睛，多年的默契使我毫不费力地读懂了她眼底的疯狂。

半个小时后，我们三个舔着冰淇淋，怀里抱着一大把烟花，来到深夜的大海。

海浪声使小暴变得兴奋。她脱掉鞋子和外套，不由分说地拉着我冲进海里。冰冷的海水，温柔的潮汐，寂静的夜空。阿黎坐在一块礁石上看着我们，嘴里吹着一首熟悉的曲子，是周董的夜曲。

这样放纵又温情的时刻。我想沉入海底变成一条只有七秒钟记忆的鱼。巧克力冰淇淋的甜蜜味道还留在我的口腔里。我觉得自己在一点点放空，最后整个人都变得空荡荡的，随时可以飘起来。

我听见小暴对着大海喊：

"奶奶，我爱你！"

"老K，我爱你！"

"阿黎，我爱你！"

"阿宝，我爱你！"

呵，原来是一个喜欢说"我爱你"的女生。

然后，猝不及防地，在我们身后的夜空上"啪"地升起一束烟花。

一束。又一束。再一束。

我看着它们升空，绽放，陨落，消失，一颗心只剩温柔，无限温柔。

"阿宝，我记得你说过你最喜欢冬天。"阿黎伸手捏了一把我的脸，我没有闪。冰凉的触感。

"是啊。一到冬天我就想谈恋爱。"

"难道我们不是在谈恋爱吗？"

小暴瞪着无辜的眼睛，反问道。

我不会赶你走的

开始和小暴一起泡书店，每一天都去。

卡卡书屋，充满童趣的名字。以前独自经过很多次，但从来没有走进去过。里面的墙和圆柱子都有大面积的童趣涂鸦，冰淇淋，自行车，花朵，高脚杯，黑色的底板，白色的镂空。小小的吧台每天都坐满了人，为了能有位置坐，我们不得不早起。或者在下午六七点的时候去。

不知不觉看了大量漫画和杂志。小暴呢，她只看海明威的书，常常看着看着就睡着了。有时被套着绿色围裙的店员拍醒，说，小姐，不可以在书店睡觉哦。通常她会不好意思地笑笑，除了有一次她睡眼蒙眬地醒来，也许是做了什么噩梦，她拉着那男生的手说，不要赶我走好不好，我保证以后再也不会睡着了。

周围陆续有人把目光投来这边，我迅速带她离开书店。

要不要回家睡觉？

我刚做了一个梦。

梦见什么？

我去了好多地方，遇到很多人。但是每个人都赶我走。我只好走，不停地走。我饿了，走进一间屋子，有人给面包我吃，面包上有芝士和肉松，很好吃，我还没吃完。他就要赶我走，语气很凶，说我把肉松洒地满地都是。我走进下一间屋子，有人给了我一个漂亮的洋娃娃，我觉得很开心。然后从楼上下来一个穿着睡袍的男人，他要赶我走，他说我太吵了。可是我根本没有吵，是隔壁在播放电子音乐。我抱着洋娃娃走到隔壁，音乐突然停下，人群从里面涌出来。一个左耳上有七个耳洞的男孩儿告诉我，小姐，我们打烊了。我说可以再放一首歌吗？他说，你好烦，快走开。还有好多，我不记得了。每个人都赶我走。

沉默中，她眼波流转，似乎只要一眨眼睛，就会有无数泪珠弹落。在冬日阳光的笼罩下，她恍惚近似透明。

小暴。

嗯？

我不会赶你走的。你想住多久，都可以。我希望你快乐。

咳，如何才可以把一句有一点点肉麻的话用一种玩世不恭的态度说出认真的意味呢？看来我要多看韩剧练习几遍才行。

为了一个耳机你真是够拼的。

她恢复了一贯的刻薄。

原来她知道。可是……一开始的确是为了阿黎那副妙不可言的魔音耳机才答应让一个素不相识的小妞住进我房间，也的确对她各种不爽，更实实在在为了"发修过的自拍照是否脑残"这种问题认认真真大战三百回合。

可是，她实在太不了解我。

以她那种龟毛性格，真的不是一副耳机所能包容的好吗？

偏偏我很喜欢那种势均力敌的感觉。我很诧异她几乎没有过任何一点儿寄人篱下的拘谨和尴尬，反而总是对我大呼小叫，渐渐我也默认了那种"谁有道理就听谁的"的相处格局，对那种"我扫地她拖地我煮面她洗碗轮流播放各自喜欢的音乐"的生活模式颇为满意。

一起折叠纸星星装满阳台的酒瓶。陪我收拾衣橱说服我把多余的衣服扔掉或捐掉。在枕头下藏很多硬币。批评我吃饭浪费的习惯。甚至因为我在书店玩手机而和我争吵。这些揉碎在生活里的细枝末节，让这个冬天变得明亮起来。太阳出来的那天，小暴终于下定决心洗鞋子。她只有一双鞋子，画满涂鸦的匡威布鞋。晾在阳台上，滴着水，有一点点鲜艳，一点点脏。

想起那个夜晚，她对着暗涌的海水大声地喊，阿宝我爱你。

不管她是有心或无意，也明白对于某些人来说"我爱你"等同于问候语。但我的耳朵，偶尔需要一点点甜言蜜语。一点点，漫不经心的，无疾而终的，很珍贵的那种。我愿意选择相信，我愿意相信纯真，我愿意纯真到底。

一如既往。

谈恋爱都是一样的吗

小暴是个地地道道的神经病。

我亲眼看到她把手伸进那个男生的外套口袋里，拿走了人家的一包烟。她转头撞见了我的目光，挑起眉头笑了笑，神态自若。

她，是，在，偷！

那个男生是店里的员工，正是提醒她不要在书店睡觉的那个。很多次，我们看到他站在书店门外，安静地抽完一根烟，然后回店里忙碌。

"你到底知不知道自己在干什么？"恶作剧也该有个度吧。

"抽烟对身体不好。"

"那是人家的事！"

"抽烟对空气也不好。"

"那你也没有权利拿走人家的烟！"

"他牙齿会变黄，肺会变黑，然后会死掉。"

她的声音低低的，还是很坚定，我不确定她是否已经意识到自己做了什么。

"对。可是人家抽烟关你什么事呢？他爱抽不抽这是他的自由他的权利他的生活方式，他乐意他抽到死跟你半毛钱关系没有！你睡觉磨牙还吵到我睡觉呢，也没见我把你牙齿拔光啊！熬夜也对身体不好啊，难道一到十二点就应该切断电源吗？"

看着她倔强的眼神，我更是气不打一处来。

在看到床底下的鞋盒里静静躺着的六包万宝路香烟后，我整个人都崩溃了。这些香烟，无疑来源于同一个人。

"你到底是吃什么长大的啊？"

她用被子盖住自己的头，不再说话。

突然之间，有个念头在我脑海里灵光一闪，像是有个人打开了电影开关的按钮，很多镜头在我脑海里转移拼接。

书店，海明威，原木吧台，声线温和的店员，香烟。其实，我和小暴从书店回来的路上，经常会偶遇那个书店男生。他有时和朋友坐在7–11便利店里和朋友吃车仔面和贡丸，有时是下晚班后站在公交站台下边抽烟边等车。我记得，他的朋友叫他"卡卡"。他对她说，不可以在书店里睡觉哦。在海边那次，小暴对着大海喊"老K我爱你"。半个月前，我们看了一个长期吸烟者的肺部解剖视频。

卡卡就是老K啊！

原来，小暴在恋爱，或者说，暗恋。

那些巧合和偶遇，那些出神的温柔，那些神经质的深情，原来。

哦，小暴。

我要怎么告诉你，喜欢一个人不是这样的。你心疼他的肺，但你不能拿走他的烟。因为这样是不对的，也是无效的。你可以偷走她六包烟，他照样可以买第七、第八、第九包，对不对？

是时候该展示我的高情商了。

我以借手机为由，轻而易举地搞到了书店男生的号码。

我要号码干什么？小暴不解。

打给他啊，讨论一下文学什么的？

为什么要打给他？

泡他啊。

为什么要泡他？

你不是喜欢他吗？

喜欢就要泡吗？

那你干吗要偷他的烟？

我怕他死掉。

……

我开始有意接近老K和他的朋友们，带着小暴插入他们的话题，钻着缝儿给他们制造机会。只是小暴不领情。

她越来越沉默，似乎并不快乐。

为什么你觉得喜欢一个人就是要接近他，和他对话，约会，吃东西呢？

不然呢？谈恋爱不都是这样吗？

我觉得很无聊，你不要再这样了，看起来很蠢。

喂！你说谁蠢……

她戴上耳机，不再理会我。

我气得想跳楼，什么人啊真是，好心被当狗肺！搞得我像个居委会大妈多爱管闲事似的，你当自己谁啊！我不过当你是朋友而已。难道恋爱应该是偷一个男孩儿的烟放在鞋盒里吗？你才无聊，你全家都无聊！

我阿宝以后再管你这破事我就把名字倒过来写！

最倔强的女孩儿

除夕的前一天，小暴离开了。

她在我耳边说，我爱你。然后转身拦住一辆出租车，没有回头。

我才知道，小暴从小跟着奶奶长大，爸爸妈妈常年在国外打拼。然后突然有一天，他们回来了。他们赚了钱，他们想要补偿她，想要带她出国，给她最好的一切。小暴不愿意。她不愿意离开奶奶，留下她一个人。可是奶奶也站在爸爸妈妈那边，帮着他们喊她走，说她在这里根本不肯好好念书。她决定出走，直到他们妥协。

小暴是我见过的最倔强的姑娘。

她会直接地对你说"我爱你"；生气时把自己关在衣柜里；因为讨厌我发自拍而屏蔽我朋友圈；担心一个人的肺变黑就把他的烟偷走。很珍惜地喜欢一个人，显得神经质，同时又很骄傲。不轻易接受很多人觉得理所当然的事情，比如这是一个看脸的世界，比如女孩子懂得装傻才是聪明，比如当在路边碰到一个摔倒的老奶奶时，要权衡利弊。

我想念她。想念那一个冬天，我们抢着吃一碗炸酱面，猜拳决定谁去洗碗。我说过，我最喜欢冬天。喜欢冬天的被窝、拥抱、咖啡、火锅、围巾。以及遇到的倔强的不懂得表达喜欢的小女孩儿。还记得深夜里的大海吗，我说一到冬天就想谈恋爱。

你写在草稿纸上的那句话，过了很久我才看到：

不要走在我的后面，我可能不会引路；

不要走在我的前面，我可能不会跟随；

请走在我的身边，做我的朋友。

与阳光为伴

李雨丝

自习课，平头菜从背后戳了戳正看闲书的我。

"干吗？"刚读到尽兴处，我有些不满地回过头。他喷一声，让我看班门口。我扭回去，发现班门窗户上正探着一颗脑袋在瞅我们。

我的第一反应当然是赶紧把书塞回抽屉。可是紧接着我就发现，这颗脑袋既不是班主任，也不是教导主任，更不是秃顶校长。本来就不怎么安分的班级，都悄悄瞥着门口的陌生人，一个指给一个看。就在大家纷纷猜测的时候，那颗脑袋竟然自己开门走了进来。

是个中年男人呢。是个高个子的中年男人。他高高的骨架支撑着自己瘦瘦的身体，皮肤有些黑，额上有道伤疤，整个面庞透着一股坚毅，眼睛充满趣味性地看着我们，在教室里踱来踱去。

班里有些人按捺不住了，一个个放开笔都把目光集中在了这个高高瘦瘦的身影上，等着他说些什么。（总不可能是沉默地进来遛一圈再溜出去吧。）

可是等了约莫半分钟，这个男人还是一句话没说，反而停在了我的同桌——小仔的旁边，翻起了他的语文课本。我注意到他的手，又大又宽，可更显眼的是那积年与主人融为一体的刀疤。

小仔头也不抬地坐在那里。这小子，平时就是个闷棍豆芽菜，老师同学都没人怎么搭理他，这会儿一定很不适应。

我也装模作样地坐在那里写作业，教室里陷入一种诡异的气氛，骚动又寂静。

"你是谁啊？"

就像刺啦一笔划开纸张的声音，平头菜这个愣头青竟然憋不住，直接大声地问了出来。我一方面暗自喊了两声替他害臊一下，一方面也有些期待地稍稍抬起了眼。

男人回头瞧着平头菜的眼神有意外，却也有一股欣赏的味道。他竟然笑出了声，然后放下小仔的语文书，环视一圈，郑重说道："我是你们崭新的语文老师。"

"崭新"这个词用得可实在太奇怪，平头菜想也没想就接了话头："老师，你语文是体育老师教的吧。"

教室里爆发出一阵狂笑。

新老师也忍不住扯起了嘴角，食指指着平头菜，晃着头，一副"你呀你"的神态。

这场自习结束在班主任的一声清咳中。刚刚还笑得找不到眼睛的家伙一个个低眉顺眼回归到上课时的状态。新老师转身看到班主任，哈哈两声走了出去。两人前脚一走，我们后面就开始议论纷纷。

"老赵真跑了啊？"老赵是我们以前的语文老师，被市里的学校高薪挖走了。

"跑就跑呗，我觉得这个新老师好像很有意思。"

"臭词乱用的新老师。"平头菜出声笑道，"什么崭新，还崭旧呢。"

这时候，旁边的小仔有些不耐烦地把语文书摔到桌上，嚷了一句："能别吵了吗？"

小仔很少说话，我虽然是他的同桌，却也几乎没听过他的声音。此刻他的声音有些处在变声期的沙哑，泛着撕裂的味道，像一头粗暴小兽。干干瘪瘪的身子好似发育不良，每一年都比我们矮半头。他说完这句话后，胸口起伏不停地开始喘粗气。

我想，小仔大概是讨厌新的语文老师吧，因为他刚刚翻了他的语文课本。小仔这古怪的性格，也许有什么极度的隐私洁癖呢。

对于第二天的语文课，大家都变得期待起来。当昨日的男人真的走上讲台时，大家都忍不住发出"唔——"的长音。

"我姓张，名帅。"转身写了两个大字，粗犷大气，"应验了'人如其名'之说。"

还真是个幽默的老师呢！我们配合地笑了出来。料想他也一定很有魅力吧。

寒暄没做多少，张老师就开始讲正课。这堂课上诗歌，进入主题之前，张老师说要请同学来背背诗，顺便认认大家的脸。我看到几个学霸都不安分地扭起了屁股，大概正处在讨得新老师欢心的兴奋阶段。

结果，张老师拿出点名册，大手一划，洪亮地点道："周舟！"

周舟就是小仔的大名。我们叫惯了"那个小仔"，一时间听到这个名字都有些陌生。几个学霸像泄了气一样驼了刚刚挺直的背，有些怨怨不满地看向小仔。

"周舟，给我们背一首诗。"张老师说，"你最拿手的。"

隔了几秒，小仔闷声说道："我不会。"

嗡嗡的声音借由空气传到大家的耳朵里，爱起哄的人开始笑。

不过，仔细一想，他确实不会啊！他怎么可能会吗，一个语文120满分却从来没上过80分的人。

"'床前明月光'也不会？"张老师竟然有些愠怒，却仍然是笑着问。可是这笑带着一阵强烈的寒意，几个起哄的学生都闭嘴了。

教室一下子陷入了安静。

"不会。"小仔依然闷声说道，因为我们的安静变得更加清晰。

我看到张老师的表情不自然起来，"不会？"扬起一个声调，"你对得起你爹妈吗？"

小仔一动不动。

我听到平头菜嘟囔道："神经病啊！"

是啊，这个张老师未免太小题大做了，和一个学生如此斤斤计较。或者，是新官上任三把火，第一把来个下马威？

那也未免火势略大。

"站着听课。"张老师冷声呵斥道。

这阴晴转变太快，刚刚还和大家其乐融融，现在却如此严苛，果然他身上那些伤疤不是虚的。大家都不敢作声了。"同桌来背。"张老师摆摆手说道。我一听，赶紧站起来，开始背《沁园春》，因为惊吓，有些结结巴巴。

一开始，大家和我一样，都处在惊恐的状态，很是担心未来的语文课。可是接下来，老师一开讲就回归到了自我介绍的状态，风趣幽默，课堂变回了生动轻松。很快，我们便忘了一直站着的小仔。

直到下课后，旁边凳子移开发出的声音才让我想起了被罚的小仔。此刻他已经坐下了，又软软地趴在了桌子上，毫无生气。

我想了想，还是凑过去安慰了他一句："你运气太不好，正好被点到第一个。别太难过了。"本来以为他不会理我，却见小仔把头面向我，狠狠地怒视着我，仿佛是因为我他才被罚。我刚想开口，平头菜拍了我一下，不客气地说道："行了，你没事招惹他干吗？别扭着呢。"

张老师可是深得学生喜爱。女生的偶像，男生的哥们儿。"那就是一个字，潮！"方小达是张老师的铁杆粉丝。这家伙，成绩像烂泥，还总是违规违纪，打架闹事。自从有了张老师，像是找到了人生的导航，把张老师当神一样崇拜。平头菜说，方小达在外面被群殴的时候，张老师上去揍翻了那些人，用的是道上的方法，而不是身为老师的恐吓。

从此，他便征服了方小达以及他的一帮小跟班。

一听方小达又要开始他的"布教活动"，我们赶紧回到各自座位。下节是语文课，小仔正拿着笔使劲儿地涂刮语文课本。

他和张老师的关系看起来依然没有好转。那之后的语文课，张老师几乎节节必点小仔回答问题。虽然这些问题往往简单，小仔却屡屡回答"不知道"。罚站小仔渐渐成了我们见惯不怪的场面，甚至快成了语文课的象征。

平头菜说，老张好是好，就是老针对小仔，大男人的，没点儿心胸。方小达一听就拍桌子喊道："说谁呢？张老师你也敢说？是那个小仔自己不知趣好吧？给他台阶都不下，什么东西！"（当然，我转述得很文雅了，方小达原话粗暴多了。）

也就从那个时候开始，方小达开始时不时欺负小仔。走过路过敲打一下他的头，让他给自己跑腿，扔了他的作业，把他桌子上的书架掀翻。

小仔对此基本都是面无表情，忍气吞声。

"窝囊废。"平头菜教训过他，"敢跟东东（东东是我的名字）嚷嚷，敢跟老张叫板，你怎么就不敢跟方小达作对啊？"

对此小仔也毫无反应。软软地趴在桌子上，好像什么事都没有发生过。

那天下午活动课，校园的喷泉开了。

学校喷泉很少开，只在特别的日子——比如领导来访、教师节、校庆、开学典礼的时候才开。

没下课我们就听到哗啦啦的水声，心痒得不得了，活动课一到，几个男生就一哄冲向了喷泉。

我和平头菜也跑了过去，脱了校服外套在边上淋水，和几个别班的男生打起了水仗。突然，那边传来了喧喧嚷嚷的声音，我们以为是教导主任来了，赶紧穿好衣服看过去，却发现是方小达一群人架着一个人正往喷泉这边走。

那个人正是小仔。

小仔此刻拼命地想要挣脱他们，可是六七个人齐齐架着他，像是提着一只要进贡给酋长的野猪（可是小仔也未免太瘦小），向着喷泉这边一哄而来。

他们全都吼着欢呼着，只见走到喷泉边，一下子把弱不禁风的小仔扔进了满水的池子。

水是不深，可是旱鸭子被这么呛一下还是不好受。小仔挣扎着直起身，一向看起来面瘫脸此刻扭曲起来，痛苦地吐着水。方小达一见小仔站起来，伸手就要把他的头再按下去。

"还有完没完！"这时候，我身边爆发了一声怒吼，让方小达伸出去的手凝结在空气中，愣了一下。

平头菜最见不惯欺负弱小了，他快步走上前去推了一下方小达，方小达没做好准备，一下子被推倒在地，顿时也怒火中烧。

"平头菜你管狗屁闲事啊！"

"这狗屁的闲事我真还要管了！"平头菜挽起湿漉漉的袖子，已经准备开打了，"欺负小仔有意思吗？你怎么不来欺负老子啊？"

"呵？"方小达已经站了起来，"您这是英雄救美？"旁边，他的小跟班配合地放声大笑，紧接着，一群人围了上来，把平头菜团团围住。

平头菜青筋都爆起来了，正挥起拳头准备上，一声

"都给我回教室去"喝住了所有人。张老师站在人群后方，黑着脸，抱着手臂。

"你们是没听见我说的话吗？"张老师冷声怒吼，"还不回去！"

方小达不敢违抗张老师，虽然气没出就这样回去很窝囊，但还是一声不吭地带着人走了。倒是平头菜冷哼一声"切"，去把还在池子里泡着的小仔拉了出来。

"快跟人家道谢！"人群散去，张老师平静地站在平头菜身后，对小仔说道。

小仔吸了吸鼻子，拧干湿着的外套，没有理会张老师。

"没听到我说的话吗？"张老师对小仔说。

小仔依然没有任何反应，仿佛看不到张老师一样，甚至转身要走。

张老师一下上去按住了他的肩膀，把他的头掰向平头菜，另一只手重重按了下去："说谢谢。"

小仔本来苍白的脸瞬间涨红，这一压仿佛让他的脾气突然集中爆发。小仔挥手打开了张老师："要你管啊！"喊声很大，是我听过的这颗豆芽菜发出的最大的分贝。像是拼了命的，要喊给张老师听。

他喊完，怒视着张老师，转身跑着离开了我们，好像我们刚刚将他囚禁在这里拷打了他。张老师被甩开的手垂在两边，自己的威严仿佛和小仔一样在喷泉里浸泡了一遍，湿漉漉，不成模样。

"别跟他计较啊，平头菜。"张老师有些无奈，苦笑着对平头菜说。

平头菜刚刚一直没反应过来。到现在他终于明白张老师在做什么了，红着脸摆手说："没事没事，我又不是为听谢谢才帮他的。我就是看不惯方小达他们欺负他……"

"总之谢谢你了。"张老师的声音里含着深深的歉意，仿佛平头菜刚刚救的是他，而不是小仔。

"没，没事……"平头菜不好意思地抓抓头，粗线条的他不习惯这样尴尬的局面。

可能是张老师把方小达叫去训斥了一番，方小达收敛多了。可是张老师与小仔之间的隔阂却仿佛越来越深，那之后的小仔，被点名发言都不起立了。张老师顾全全班同学，也没有和他太过计较，但是有事没事还是要叫他去办公室或者回答问题。

"这两人真拗。"平头菜说，"本质上一个脾气。"

作文课的作文终于发下来了，大家都特期待地望着课代表手中的作文本。这可是张老师改的作文呢！以往的老赵刻板得很，总是要求大家按"三段论"写作文，作文课很恶心。可是张老师上的那堂作文课真是太精彩了，"想写什么写什么"的论调让全班同学群情激昂奋笔疾书。

我翻开自己的作文本，看到了张老师写了满满一页的评语。我心情激动地一个字一个字地读，发现自己精心设计的部分都被他体悟到了，那种知己感让我差点儿要哭出来！要知道，作文40满分我可是一直上不了30分啊！

我着急地想和别人分享我的心情，小小炫耀一下，眼睛一偏就看到了课代表放在小仔桌子上的作文本。

不知道为啥，我特想看看小仔的作文会写些什么，又被评了什么。一是因为他和张老师特别的羁绊，二是……大概是为了满足我小小的虚荣吧。

我拿起小仔的作文本，翻了开来。

然而，映入眼帘的字迹却令我惊讶地张大了嘴。小仔写的，竟然是诗。

这诗很长，足足有五六页，其中还有很多我不认识的生僻字。诗的大概意思是讲一只独眼鱼，遭到其他所有鱼类包括自己亲人的嫌弃，想要出走大海的故事……我只记得了最后两句："死若鱼干与太阳为伴，不与肮脏同流。"

我懂点儿诗。被这诗的想象力与气势所震到。很难想象，这样一个孤小怪癖的豆芽菜，竟然会写出如此震撼人心的诗。而且，他的钢笔字，也很明显有练过的痕迹，强劲、有力，跟我预想中细细长长歪歪扭扭的样子完全不一样。

我愣愣地读着小仔的诗，读到最后，期待地看向张老师的评语（此刻我已毫无优越感），却只看到一行字：朽木不可雕。

我惊讶地望着这五个字。张老师这是什么意思？他在说小仔的诗写得不好吗？可是明眼人都知道这是一首天才的诗啊！张老师这是怎么了？难道他真的如此小肚鸡肠吗？

就在我发愣的时候，作文本被人一把抢走。

"哟，周小仔的诗？"方小达拿着小仔的作文本，调侃地翻了起来，"是'床前明月光'吗？"

"方小达！给我。"我有点儿着急地伸手去抢。

"这又不是你的！"方小达白了我一眼，轻松地躲开了我，"看到没有，这写的是周舟，不是东东。"

"你别偷看人家作文。"我恼火地喊他。

"偷看？"方小达笑了出来，打量了一下我，"那你以为你刚刚在干吗呢？"

我一下子说不出话了。想到刚刚偷偷摸摸翻开小仔作文本寻求优越感的样子，我的脸唰一下红了。

"小仔子还会写诗？"方小达不理我了，自顾自翻起了作文，"这天下还真是大乱了。"

"还给我。"冷不丁地，小仔出现在讲台，他有些生硬地说着，看着方小达手中的作文本，目光很凶。

方小达看向小仔，笑了笑，迅速翻到诗歌的最后一页，亮给他看："这种东西你也要？看到没有，朽木不可雕！垃圾就该扔到垃圾桶里！"

说着就要往垃圾桶走去。

小仔一下子冲了过去，"我说，还给我！"

方小达躲过了小仔，却又有些意外，"哟，还会反抗了？几天不欺负你有进步啊！"

"还给我！"小仔嘶哑着嗓子干瘪地喊着，一下又一下，抢着方小达手里的本，却一次又一次被轻松躲开。

他实在太瘦小了。

方小达的小跟班此刻也都聚了过来，围看这场好戏。几个人把本子抛来抛去，逗着中间的小仔，听见小仔一声又一声吃力的"还给我"，大声地笑着。

本子又回到方小达手里，这一次方小达没有扔出去，他高高地举起来，看小仔一下又一下跳着去够却够不到，左手一把推开小仔。

毕竟是教室，空间很小。小仔跌在一个凳子旁，抱着凳子跪在那里，重重地喘气。

"起来啊！"方小达冲小仔说，"不然我扔咯。"

可是小仔还是扶着凳子，喘着气，没有起身。

"这么点儿程度就不行了？起来。"方小达上去拉起了小仔的领子。

可是方小达一松手，小仔就重重跌回到地上。他扭曲地躺倒在地面，双手死死抱住了肚子，冷汗从额头落下。

"喂……"方小达有些慌了，"你干吗，别装，我可没把你怎么着！"

小仔根本没有力气理会他。他的嘴唇泛白，表情痛苦地扭曲起来，方小达吓坏了，赶紧把作文本塞到他怀里。

平头菜就在这个时候回来了，一看到方小达一群人又围着小仔，小仔这副样子，就生气地推开了方小达，上去抱起了小仔，"你们太过分了吧！怎么老欺负他！闲得没事做吗？"

方小达吓得往后一撤，摆着手说："我们这回什么都没做！真的什么都没做他就这样了！"

"别愣着了，帮忙扶起来送校医室啊！"平头菜粗暴地冲方小达吼。方小达这才反应过来，刚要上来帮忙，突然被一个人用力推开了。

张老师！

他拨开围着的人群，疯了一样又推开抱着小仔的平头菜，自己抱起了小仔。就在我们纳闷的时候，张老师回头怒吼我们这群男生："你们对他做了什么！"

这声怒吼出自张老师，像七级地震一样，一下子吓哭了方小达，"我们什么也没做！张老师，我们什么也没做……"

可是张老师已经没心思理会方小达了，抱着小仔就往外走。平头菜跑着跟去帮忙，方小达被吓得抽抽噎噎，有些发抖，可能以为小仔真出了什么大事。

混乱终止在班主任到来时，他让所有同学各自回到座位，然后说小仔已经被送去医院了，让大家不要担心。

我们惊魂未定地回到座位，女生拉开了窗户，风吹进来，让我们的心情一点点平息。

平头菜回来以后已经放学了。班里没有多少人了，只有我在给小仔收拾没带走的书包，看见他回来，第一句就是："小仔怎么样了？"

平头菜摆摆手，坐回自己的座位。

"什么意思？"我有些不好的联想。

"没事。"平头菜舒了口气，"急性阑尾炎。"

听到这里，我也舒了口气。总算，他没事。没事就好，没事万幸。

可是看着平头菜的表情，我知道他还有话没说。

"怎么了？发生了什么？"

"东东，"平头菜望着窗户外面，靠着椅背，慢慢地说，"你觉得张老师是怎么对小仔的？"

张老师？我想了想。张老师对小仔，明眼人都知道，那就是刁难。好像一个难缠的老师一样，总是管着小仔，处处与小仔作对。可是……想起今天他抱着小仔离开的背影……好像，也不是单纯地为难呢。

"张老师是小仔的父亲。"平头菜说。说完，轻轻叹了口气。

张老师是小仔的父亲，教会他读书写字，教会他学诗写诗。小仔十二岁那年，他说要去北京做流浪诗人，因为小仔妈妈的阻拦与反对，他毅然与小仔妈妈离婚。妈妈从此像疯了一样，对小仔灌输着"与父为敌"的思想。"他的妈妈就像一头醉酒的狮子。"平头菜告诉我，"站在那里，除了发疯，就是发呆。"

小仔开始恨着父亲，是这个人，去了北京，抛弃了他们。

酗酒的妈妈很少关心小仔，沉溺在被抛弃的悲伤里。小仔从十二岁起，就等于失去了双亲。独自生活在这个偌大的世界，就像蔚蓝大海里一只孤独的鱼。

流浪北京的张老师，在漫长的旅程中，开始思念平静的日子。他很爱小仔，他一直不间断地给小仔写信，也悄悄关注着小仔。可是距离与误解，让小仔只是对他充满怨念与愤恨。他终于打算开始重新生活，却不知道，小仔早已失去生活的方向，很久了。

"我喜欢老张，"平头菜突然问我，"你喜欢他吗？"

"我？我也挺喜欢他的。"我告诉平头菜。

"是啊。"平头菜起身开始收拾书包，"你知道吗，他可以做一千个学生的好老师，却做不了一个小仔的父亲。"

我想起张老师在课堂上的谈笑风生，想起他果断直白的嗓音，想起他给方小达解难的故事，想起那天在圆圆的金色光芒前，他微微低着头，对着小仔说些什么的样子。

他是不是以为，小仔还是那个在他的臂弯里努力习字的小仔，还是那个会用力记忆艰涩诗句的小仔？

早就不是了。小仔已经不是他所熟悉的小仔，就如小仔的诗句，他也许再也无法读懂一样。

我望着张老师渐渐化成圆点的身影，这样想着。

张老师的身影变得越来越小，融着暖暖的橘色光芒。他和小仔一样，弓着背，然后倏忽一下，消失在了校门之外。

陪你吃到地老天荒

糯米幺

1

道路两旁的梧桐树沐浴在清晨的曦光中自由呼吸着，空气里满是梧桐树叶混着夏日独特的青草香的微苦味道。

如斯良辰美景，我却骑单车驮着一个一百六十斤的移动饭桶匍匐在路上挥汗如雨，更要命的是身后这个移动饭桶还在超没自觉地放声高歌："小笼包叉烧包芝麻奶黄豆沙包，大肉包菜包还有那灌汤包……"我一边忍受着洛天依女神被人糟蹋了的反胃感觉一边拼命克制着自己把身后这头猪踹下去的强烈欲望，一路气喘吁吁悲愤交加来到佳佳早点铺。

老板娘眼底一片掩不住的欣喜，笑得慈祥中带了点儿阴险，让我不寒而栗。陈素萝大大咧咧往下一跳（我却差点儿一个没撑住摔个狗啃泥），熟门熟路拐进门，一甩袖子豪情万丈，"三屉小笼包一屉肉的两屉素的要韭菜鸡蛋再来一碗素鸡面上面要搁两块大排卧个荷包蛋多放点儿雪菜不要葱花再要一杯原味豆浆一碗小米粥放两勺糖哦对了最后还要一份海鲜炒饭！"

我在一旁拼命挥手，"你别点这么多，咱们两个吃不完！"陈素萝也斜我一眼，说："我还没点你的呢。"

……

都说和能吃的朋友一起吃饭自己也会调动起食欲，因为他们吃得太香了，什么饭菜都叫他们吃出了至尊美味的气势。我则不然，看着陈素萝的吃相，我半点儿胃口也无，试问你在猪圈前对着猪拱食能吃下饭吗？

看！一碗素鸡面呼噜噜进去了！看！两笼包子吧唧吧唧进去了！看！一碗小米粥也不见了踪影！陈素萝不是一个人战斗！她不是一个人在战斗！正当我思考着陈素萝的胃是不是连通着宇宙黑洞时，老板娘拿着账单笑眯眯地站到跟前，"一共是三万两千零一块五毛八分。"老板娘！你当你家的包子是庆丰的吗！

陈素萝口里叼着包子，一手拿豆浆一手指着我，中气十足地大喊，"我没有，问他要！"我冷汗唰地下来了，将全身口袋翻遍也就找出五块钱外加一个钢镚儿，我哆哆嗦嗦地说："我也没有……"闻言老板娘笑容可掬的脸

"呱嗒"一沉，吼道："那就给我刷盘子去！"

陈素萝一抹油乎乎的嘴，冲我喊道："沈黎明！那我先走啦！你在这里努力工作哦！""喂——喂！"我挽留无果，心疼着我的宝贝单车轮子由圆变扁……老板娘提溜着我的领子拽到水池前，指着里面摞到天花板那么高的盘子，说："五分钟之内必须刷完！否则你就留在这给我当五十年的洗碗工！不发工资！"

明明是陈素萝吃的为什么要我来刷盘子！心如死灰万分凄凉，我绝望地长啸一声："陈素萝！我恨你！"

——然后我就醒了，发现自己正躺在床上剧烈的喘息，出了一身冷汗。窗外如水的月光给房间笼了一层轻纱，朦胧，梦幻且甜美。

我辗转反侧，脑海里一遍又一遍放着我和陈素萝孽缘一般的成长史。

2

我跟陈素萝住对门，属于对对方的黑历史比自己的还清楚的关系，说得矫情点儿就是青梅竹马。

八岁的时候我刚搬来这个院儿，趁父母在楼上收拾东西，我下楼沿着墙根溜达玩。突然一股香气攫住我的嗅觉神经，凭自己多年的熊孩子经验，这是什么东西烧焦了。我顺着香味找过去，发现一个小个子冲着具有燎原之势的火堆一边哭一边夠着嗓子吐口水！没错！她想要吐口水灭火！

我一边想着这谁家孩子真二百五，一边脱下棉袄扑打火焰。火熄灭了，我乜斜一眼还在嗷嚎的小个子，一把捞起余烬里散发着焦煳想起的棉袄和地瓜，扬长而去——当然，因为新买的棉袄被烧煳了而被我妈胖揍一顿这件事便是后话了。

晚上我妈让我给对门送鸡蛋去，我才发现给我开门的就是今天下午那个差点儿让火给燎了的小个子。我"哟"了一声，逗她道："还能说话吗？口水没给吐干了？"她显然记起了我是谁，一脸我把她撞成高位截瘫的苦愁深恨，冲着我大喊："你这个抢我地瓜的人去死吧！"

我有点上火，"嘿你这人怎么这么不识好歹呢！要是没我你现在指不定在哪儿投胎呢！我拿你个地瓜赔我烧煳的棉袄过分吗！"

小个子语塞气极，横鼻子竖眼，"嘭"地把门摔在我鼻尖前。

这个小个子就是陈素萝。

我怀疑上辈子不是她给我投过毒就是我抱她跳过井，结果这辈子孽缘还没完，小学、初中、高中我们竟然都在一个班！只是陈素萝变得越来越能吃，身体吹了气儿似的横向发展。小学的时候就能面不改色吃下一大份馄饨外加五根油条两个茶叶蛋；快要中考的时候书包里满满的都是零食，还大言不惭"我不吃东西就没力气学习，没力气学习就没法拯救宇宙了"；高一的时候为了一个老字号店的酸角糕从城南跑到城北，结果迟到了三十分钟，被老师罚站写检查，我一边啃着她买的酸角糕一边痛心疾首，"陈肉萝啊陈肉萝，你说说你，除了吃还能干点儿什么？"她冷哼一声不再理我。

陈肉萝是我给她起的，"肉"跟"素"相对，准确形象又生动地描述了她的外在形象和内心需求。另外，我才不会承认这个名字听上去很可爱！

3

早上一出门就看见陈素萝在安静地站在门口等我，说实话由于昨晚上那个荒唐又惊悚的梦，到现在我对陈素萝还有点儿无法直视，却又忍不住细细打量她。

她站在清晨浓稠的金色晨光里，微风带着远处的炊烟气息吹拂着她束起的高高马尾，撩开刘海儿露出光滑白净的额头，眼睛明媚如一只四月天的幼兽。年少的婴儿肥已不复存在，高三的繁重压力让她看上去消瘦了不少，尽管还有些肉肉的，却已顺眼太多。她站在那儿任时光从身边静静流过，说不出的静谧美好。

我一怔，霎时间竟不能将眼前这个温润的姑娘同十年前那个跳着脚骂我的小个子重合起来。我有多久没认真看看陈素萝了？想来最后一次见到那个张牙舞爪意气风发的胖姑娘竟然是在我昨夜的梦里。

"沈黎明，你怎么愣住了？"陈素萝走近，拍拍我的脸。我如梦初醒，一把挥开她的手，大步向前走去。我没敢对上她不解的眼睛，因为我窘迫地发现，被她的指尖轻拍过的地方，像是被吻过一般灼热发烫。

到了佳佳早点铺，我猛然间想起昨晚的梦，如临大敌般紧张地盯着陈素萝的嘴，生怕她语不惊人死不休。

"两笼包子，一笼素的一笼肉的，再来两碗小米粥。"

我就说那只是梦嘛。我松口气，接口道："那我要一碗馄……"

"我点的是咱们俩的。"陈素萝打断了我。

咦？这跟剧本差太大了？！

"喂陈肉萝，你怎么吃得那么少？"

"今天运动会，我不敢吃太多。"

"运动会跟你有什么关系？反正你就坐在看台上看比赛不就……"

"我报名参加了1500米。"陈素萝再次打断了我。

咦？这还是那个体育达标800米被倒数第二甩了50米的陈素萝吗？为什么一觉醒来整个世界都不一样了啊！

与阳光为伴

4

　　陈素萝将装满了零食的书包往我怀里一塞就去检录了。我百无聊赖地啃着酸角糕，心里幸灾乐祸地猜测着等一下陈素萝是倒数第一还是倒数第二呢？这次会被人家倒数第二甩多少米呢？

　　正当我胡思乱想，身边有人拍我肩膀，我扭头，发现是陈素萝初中的好朋友陶言尔。

　　"等谁比赛呢这是？"

　　"陈肉萝那头猪啦。"

　　"哎？你们还在一起啊？好羡慕！"

　　"有什么好羡慕的，还和原来一样呗。"我尴尬地笑笑。

　　"噗——素萝还跟原来一样能吃吗？"

　　"哼，都走火入魔了！为了买酸角糕不惜迟到三十分钟！啧啧啧。"

　　"什么？素萝她对酸角过敏你不知道吗？"

　　我一怔，张了张嘴，却不知道怎么开口。

　　"素萝还跟初中一样啊，喜欢装满满一包的零食。"陶言尔瞅了一眼我怀里的包，神秘地笑笑，话锋一转，"沈黎明，你还记得快要中考的时候你打了一架吗？"

　　怎么不记得，当时800米达标跑完了，班里几个调皮男生骂陈素萝"死胖子""跑那么慢拖全班的后腿"，被我放学叫住干了一仗。当时阵势挺大，轰动全校，结果我被记过，他们几个留校察看。现在想起来我还气愤不已：混蛋！陈素萝再胖也只能我来说！你们算老几？

"难道你不奇怪吗？同样是打架，他们留校察看而你却仅仅被记过？"

我也一直很奇怪，虽然他们有错在先，但打架发起人的确是我。

"每个学生要被处罚时都会由学生会仲裁部在该生班里做一次民意学风调查，根据该生平日表现酌情处理。你当时也应该被留校察看的，但是素萝每天都背了满满一包零食到学校分给咱们班同学，拼命央求他们在调查问卷上说你好话，还写了一份全班签名的担保书送到教导处，所以你才只是被记过。这事，你不知道吧？"

"真羡慕你这家伙啊，被素萝那么用心地喜欢着。"陶言尔轻轻说完就起身走了，她的话却犹如惊雷一道炸裂在我耳畔，脑子嗡嗡地叫嚣着——是了！一直爱吃酸角糕的人，是我啊！陈素萝……喜欢我吗？

5

我全然没了看比赛的心思，坐成了看台上一棵风中飘零的小白杨。

与阳光为伴

　　九岁的时候陈素萝爸妈外出办事，把她锁在家里。回来路上遭遇全市大堵车，整整堵了六个小时。陈素萝在家里饿得哇哇大哭，我们没法进去，就只能从门底下给她塞东西吃，因为门底缝太窄，只能塞进去茯苓饼和鸡蛋薄煎。于是她蹲在门里一边抽搭一边狼吞虎咽，还能听见她用力嘶吧包装纸的声音，我蹲在门外给她讲笑话，知道叔叔阿姨回来。这大概是我们相处的记忆里为数不多的温情片段。

　　从那以后陈素萝性情大变，能吃、发胖，一副不吃到吐不罢休的架势。对我也不再咋咋呼呼，指着我的鼻子痛骂，面对我的抢白，数落和嘲讽，她也仅仅是冷哼一声不再理我。这种情况下只要一块绿豆糕就能哄好。买零食总是双份，知道我喜欢猫就从早餐里剩下口粮陪我去喂猫，翻越整座城市去买她过敏的酸角糕迟到三十分钟被罚站只因我喜欢，装满零食赔尽笑脸为了我去央求全班同学在担保书上签字……为什么？我对她的那点儿好值得她付出这么多吗？

　　这个笨蛋。

　　小小只的跳脚炸毛的陈素萝，蹲在门后小声抽噎的陈素萝，温和安静的陈素萝，笑的哭的气极的无助的……以及小心翼翼地喜欢我的陈素萝——浮现在我的眼前，我突然发现，原来这种喜欢的情感，并不是单向的啊！

　　青涩的心意像凝结的花骨朵儿细细密密簇拥在一起，在某日的春风煦暖中，"嘭"的一声，开了花。

6

看台上忽然人声嘈杂。

"有人晕倒啦！快叫老师！"

"哎——那不高三（4）班的陈素萝吗？怎么在跑道上晕倒啦？"

霎时间闪电劈开了我的天灵盖一直劈到胸腔去，心里撕裂了一般疼。我拔腿跳下看台冲到操场上拨开人群，里面躺着面色苍白的陈素萝，跟九年前的一样，一只无助还偏偏爱逞强的小兽。

我脑子"轰"地炸开了，陈肉萝你个笨蛋！可千万别有事啊！不然我满肚子话跟谁说去！

老师检查完了说没什么大碍，就是低血糖，背到医务室打针葡萄糖就好了。

我捞起陈素萝就跑。这家伙，变得这么轻了也不跟我说一声，害得我嘲笑了那么长时间，都不知道给自己辩解一句吗笨蛋！

"逞什么强啊笨蛋！"我边跑边冲背上吼道。

突然背上传来虚弱又闷闷的声音："因为想证明自己……并不是只会吃，还能干别的事。"

喂！这都什么时候的陈芝麻烂谷子啦！你这么说只会让我更愧疚好不好！

"其实并不是爱吃……"背后闷闷的声音再次传来，"只是害怕饿的感觉……"

所以说并不是爱吃东西才这样，只是因为害怕饥饿的感觉么？由于九岁时被锁在家里的经历，从此害怕饥饿，因为在小小的陈素萝的记忆里，饥饿代表着孤独、黑暗、恐惧，所以才会拼命地吃拼命地吃……

笨蛋，不是有我在你身边？不但给你茯苓饼和鸡蛋薄煎，从小到大，哪次你在摊子上胡吃海塞我没给你付钱的？

7

夕阳的余晖将整个医务室都染上温暖的洋甘菊色，床上的陈素萝悠悠转醒，一向健气的少年扶着床头柜睡得香甜，手里还攥着一张纸条，陈素萝好奇地拿出来看，上面是少年一贯张牙舞爪的字体：

我想陪你从钱饺到雪糕，从手套棉袄到长裙飘飘。

质朴又霸道还带点儿幼稚的语言让陈素萝失笑，她发现下面还有厚厚一层涂改液，她拿起纸条对着夕阳轻轻地念出来：

我想陪你吃到天荒地老。

扑倒猫大王的六条守则

羽千落

守则一：表现得像个好人，而且要主动

天都市学生音乐节的晚会结束后，夏风跟着人流走出灯火辉煌的音乐厅。

走下台阶，她将一侧的长发拢到耳后，掏出手机，正要联系哥哥，身后忽然传来一阵骚动——"叫救护车，赶紧！"

夏风心中一紧，循声奔上台阶，挤进人群，看见一个男孩子倒在地上，嘴唇发紫、直翻白眼，呼吸短而急促，典型的哮喘发作的症状。

男孩儿抓着胸口痛苦地喘息，旁边围着一群不知所措的学生和家长。夏风呆立片刻，猛然冲回音乐厅，不顾工

作人员的阻拦跑进后台，大叫："端木，你还在吗？"

后台深处，一名裹黑外套的少年背起古筝琴袋正要离开，闻声愕然回头。

夏风顾不上解释，伸手，"哮喘喷雾，给我。"

少年一愣，随即反应过来，立刻从口袋里掏出一支喷雾器丢给她。夏风一把接住，跑出后台和音乐厅，一边跑一边摇匀药水，拉开盖子。回到男孩儿身边后，扶起他的上半身，将喷雾塞进他嘴里。男孩儿深吸一口气，颤抖的身体渐渐归于平稳。夏风见状，总算稍微放心。

她陪在男孩儿身边，直到他的家长和救护车赶到，又费了一番工夫才从千恩万谢的家长手里脱身。走出人群，她擦擦额头的汗，将喝剩一半的绿茶插进包包侧面，余光忽掠过一抹熟悉的人影。回过头，便看到远处背着琴袋的黑衣少年。他似乎一直注视着这边。她望过去时，他刚好转身离开。

"端木，"她唤一声，追上去，递出喷雾剂，笑道，"还给你。这回多亏你了。"

少年接过自己的药，摇摇头，"我没做什么。"

他的语气淡淡的，却没有太强的距离感。对于常年盘踞年级第一位的秀丽女生，他似乎留有印象。

可对他，夏风远不止"留有印象"这么简单。

刚刚经历了那番事态，眼前的少年却与她平时默默注视下的样子没什么不同。他身材单薄，开口时声音很轻，透出一股倦怠。乍眼看去，恐怕谁也没法把他和今晚舞台上的古筝独奏者联系起来。那一曲《林冲夜奔》，细腻、亮烈，精深的技艺中蕴藏着强烈的意志。筝音流淌的几分钟里，整座音乐厅为之屏息，夏风也是。

不管从什么角度说，她都没有后悔今晚过来。

没有后悔，看到与平日不同的他。

风摇树影，两人默然相对片刻，端木说句"那我走了"，转身走向地铁站。一股冲动涌上夏风心头，她再度叫住他。端木侧转视线，蓬松黑发与黑色衣领间的面孔分外苍白，只有一双眼睛，夜色般漆黑。

深呼吸一次，夏风扬起笑容，"送你回家吧？哥哥开车来接我。"

短暂沉默。

"多谢……不过不用了，我坐地铁就好。"端木的尾音变成一阵咳嗽。他移开视线，拉高衣领，挡住寒风。

"反正顺路的嘛，你的古筝看上去挺重。"夏风说完都奇怪自己哪儿来的勇气。

端木投来飞快地一瞥，"你知道我家在哪儿？"

夏风噎了一下。如果承认自己曾在隔壁班班主任的桌子上看到全班的家庭信息表，"恰好"留意到了端木的家庭住址，显然不太得体。情急之下，她说："呃，不知道，但你平时下地铁的那一站离我家不远……"

"你还知道我在哪一站下地铁？"端木确认。

　　这一秒，夏风差点儿被自己的体温蒸发。她调动全身的毅力，假装从容不迫，"我听，朋友……偶尔提，到。嗯，就是这样。"说完她就后悔了。上次编出这么拙劣的谎言，还是在她五岁的时候。

　　她窘迫地站在原地，等着端木追问"哪个朋友"，然后她就可以放弃一切，哭着跳进桥下的那条河……好的，他若有所思，他看过来了，他张开嘴了，他马上就要追问——

　　"那好吧，"端木又把衣领拉高一点儿，从她身边经过，"就麻烦你了。"

　　夏风呆立原地，不敢相信自己的耳朵。

　　端木走出几步，见她没跟上，又停步回头，"不是要送我回家吗？"

　　夏风终于回神，赶紧追上他。这条路什么时候变得这么软，她每一步都好像踩在棉花上。

　　结果……就忽略了一个最为关键的问题。

　　"你哥哥的车停在哪儿？"

　　"……对不起，我还没有联系他。"

　　端木缓缓望向她，眼神和夏风家的猫大王莫名相像——幽沉、倦怠，带点儿鄙视。

　　"……都说对不起啦！"

守则二：对他心存感激，而且要主动

夏风的爸爸是医生，她从小便以考入医学院为目标。因为这个原因，她升入高中后，渐渐注意到了隔壁班那个叫"端木七"的少年。

端木身体不好……不对，身体很差，简直是个药罐子，经常请假早退。夏风曾以为他是为了去医院或者回家休息，直到高二的一天，她自己有事早退，经过一家僻静的茶馆，听见里面传来阵阵筝音。出于好奇隔门一瞥，便看见了端木。

少年坐在绿竹前，衬衫袖子随意挽起，黑发白衣，目光如水，指下清音曳泻。她活了十七年，第一次发现，古筝是一种这么动人的乐器。

从那天起，她经过隔壁班教室时，总是下意识往里一瞥；早晨，当通勤地铁停在某站，她也会偷偷眺望人群。若是看见端木，心情便微微雀跃。

目光默默追随着他，将近一年，终于在音乐节那晚，第一次和他说上了话。那之后的好几天里，夏风心情好得快要飞上天，一不小心又考了个年级第一，将第二名甩出十条街。当级长喊她去职员室时，她以为是考试的事，没想到走进职员室，却看见级长面色阴沉。

她那晚翘掉晚修听音乐会的事被发现了。

民乐社的指导老师在音乐厅看到她，便在闲聊中对级长提起。级长为人严肃，就算面对夏风也不打算轻易放过。面对厉声质问，夏风脊背冒汗，正感到束手无策，轻细嗓音从身后传来。

"她是去给我送药。"

夏风讶然回头。端木不知什么时候站在了她身边。他眼睑下透出疲倦的阴影，声音有气无力，眸子却漆黑、沉静。

"我把药落在医院了，医生知道夏风和我同级，就托她转交。她担心是要紧的药，特意送到音乐厅来。"

他说得平静，夏风却又出了一身冷汗。偷偷拿眼去瞄级长，对方似乎半信半疑。

"是什么药来着？"端木侧目瞥她。紧张之下，她结结巴巴地回答："倍、倍氯米松。"端木深以为然地点头。

一阵僵持后，级长长吁一口气，随便训斥他们几句后，便把他们赶出了职员室。夏风从没觉得天空竟然蓝得这么可爱。

守则三：陪他玩耍，而且要主动

认识端木之前，夏风每天都在烦恼要怎么认识他，顺便通过传言将他的各种信息了解得一清二楚。

体弱多病，为人孤僻；音乐奇才，摘得大小奖项无数，目标国内首屈一指的音乐学院，来上学只是走走过场；父母各自离异再婚，只雇了保姆照顾他……简直是传奇故事。夏风做梦也没想到，她有朝一日能和传奇故事说上话。早晨，偶尔邂逅他在地铁上，她再也不用插着耳机假装听音乐，而是可以抬起头，笑着说一句，早啊，端木同学。

更没想到的是，端木在某天的大课间找到了她。走廊上人来人往，众人看到以孤僻闻名全校的少年站在别人班外面，隔着窗和别班的女生交谈，都面露意外与八卦。端木本人却浑不在意，隔窗递给夏风一本练习册，敲敲左上角的几何题，问她解法。

"你还要学数学？"夏风脱口而出。

端木一噎，接着瞪她一眼，令她心虚地闭上嘴。到底发生了什么，她实在不明白，只好放下绿茶，低头看题。才看了一半，忽听他问："你要去参加P大的自招吧？"

"咦？哦……是啊。"夏风没想到端木竟会留意她的事，一时有点儿开心，"最近都在准备那个。"

见她露出与往常无异的笑容，端木放松了肩膀，点头说句"加油"就不再出声。

人逢喜事精神爽。再看练习题时，夏风感觉思路清晰得像七月星空中的夏季大三角。她提笔"唰唰唰"演算，势如破竹，摧枯拉朽。端木一开始只是站在旁边等，渐渐地察觉不对，移回视线，整个人都呆住。

夏风做完了他问的几何题，以及它下面的那道、再下面的那道……实际上，这一单元的所有题目都被她勾上了答案。

然后，她递出练习册，笑嘻嘻地说："作业写完啦。今晚去看电影吧？"

端木愣了整整三秒，接着一把抽回练习册，力气有点儿大。

"……我要练琴！你也去准备考试！"他转身就走，耳尖微微泛红。

那是……错觉吧？夏风想。

守则四：不要说谎，而且要主动

自招考试在一个周日。夏风过五关斩六将，识破所有陷阱，攻克一切难关，顺利搞定全科试卷。她揉着饿得发疼的胃交掉卷子，正想着去哪里弄点儿吃的，哥哥传来一条简讯："考完了吗，还顺利吧？我刚才在演剧院外面看到端木，好像要参加什么比赛。"

夏风的心脏漏跳一拍。

顾不上拉好书包，她抬手拦下路过的出租车就往剧院赶。她奔过光亮的大厅，悄悄推开演出厅的门。里面光线昏暗，前面一排评委，后面稀稀拉拉坐着一些观众，一名学生模样的演奏者在聚光灯下弹古筝，却不是端木。

想着"不知他什么时候上场"，夏风蹑手蹑脚正要进门，身后有人奇怪地问："你怎么在这？"

她吓得一个激灵，倏然转身，便见端木背着琴站在那里。夏风目瞪口呆，结结巴巴地反问："你、你才是怎么在这……"

"哈？我在这里比赛啊，不过已经结束了，正要回去。"端木慢慢放松，审视般盯着她。夏风揉揉鼻子，掩饰窘迫。完全没想到会被他发现，现在究竟怎么蒙混过去才好……

没想到，端木没有再追问，拉拉围巾转身走人。夏风站在原地，正感到不知所措，少年停步扭头，"你不走吗？"

"我……有事……"

他想了想，认真地确认，"我都弹完了，你还有事？"

头顶的灯不知什么时候变成了小太阳，照得夏风脸颊发烫。她的大脑完全停摆，肚子却代替大脑做出回答，发出"咕噜——"一声长鸣。

这一秒，夏风愿意付出一切代价，只要能立刻从这里消失。她不敢直视端木，只听见他问："要不要去吃饭？"

她一怔，还没来得及反应，端木又说："我最近一直

与阳光为伴

在准备比赛，但今天比完了。"短暂停顿，"所以，今晚不用练琴。"

绯色夕照铺进大厅，微泛金光。夏风的记忆里，比这更美丽的夕阳，从来不曾存在。

守则五：等他慢慢靠近你

第二天是周六。中午，夏风准时来到与端木约好的车站前。很快，他来了，说句"先去吃饭"就走下街道。夏风见他仿佛心中早有目的地，便没有多问，怀着"等待惊喜"的心情跟了上去。

没想到，端木带她去的，是她早就知道的地方。

更没想到，他帮她点的午饭，是一碗白粥。

"你不是感冒了吗？就喝粥吧。"他很认真地说。

夏风迟疑着，不知该不该说自己昨晚在家吃了三只螃蟹，今早还被哥哥拽去了麦当劳。终于，她叹息一声，认命地拿起勺子。勺子是精致的青花瓷，和周围的环境一样典雅。这里正是一年前她偶遇端木的茶馆，那个他曾无意中提过，"想清静点儿时，就去那里弹琴"的地方。

他会带她来，她没有想到。伴着心头这份暖意，别说一碗白粥，三碗她都干。

可是，勺子送到嘴边，又停住。

"你什么都不吃吗？"她望一眼端木，他面前空空荡荡。

端木咕哝一句"我不饿"，有些心不在焉。夏风虽然在意，却不好强迫他，只好低头喝粥。

粥煲得意外的好，可夏风始终惦记着端木的态度。离开茶馆后，两人沿着铺满落叶的僻静街道慢慢行走，之间隔着不到一米的距离。他没有说要去哪儿，她也没有问。寒风吹落枯叶，飘飘荡荡。

忽然，端木开口："去年，我做过一个手术。"

夏风心中一紧，不自觉停下。

端木续道："如果成功了，就可以继续弹琴，失败的话，大概就没什么以后了。"他又走出几步，停步，转身，"今天是最后一次复查。"

秋风吹起他的围巾，漆黑瞳光摇曳在阴沉的天空下，其中蕴藏着夏风熟悉的强烈意志。唯独这次，她看见了更多——他眼里的忐忑、不安与恐惧。

"你能不能……"说到一半，他终于还是垂下眼皮，"陪我……一起？"

秋叶沙沙摇动。夏风没有说话，只是在短暂静默后，走过去抓起他的手，握在双手之间，微微用力。

他的手冰凉。但是，没有关系，她的掌心是热的。

这份温度，分给他，她不介意。

守则六：若他感到安全，就会永远留在你身边

时间流逝，严冬的寒流扫荡清澄秋空，又被春风悄无声息地融化。当校内的樱树绽吐第一朵花芽时，夏风接到消息，她通过了P大的自主招生考试。

第一反应就是想告诉端木，可刚冲出教室就停了下来。有点儿泄气地想起，端木已经好几天没来学校了。

自从复查结果显示一切良好、手术非常成功后，他就有点儿不一样了。在诸多微妙的变化之外，最明显的一点就是，他变得越来越忙，课程、练习与入学申请准备几乎占据了他全部的时间，来学校的次数越来越少。对这一切，夏风能理解，毕竟他的目标是与P大同处首都、国内顶尖的A音乐学院。为了进入那种疯子云集的地方，自己得先变成疯子才行。

但是，好歹，偶尔，也和我说句话啊。

阳光漏下屋檐，她站在那里，拿出手机又收起，最后还是拿出来，敲出一条简讯："P大自招过了"，发送。

结果，好久都没有等到回信。

上课铃响起，她快快不乐地回了教室。

没想到，放学后，她一开机就看到一封新短信躺在收件箱中。

我在东门。

惊喜之下，夏风抓起书包就冲下楼，一路奔向校门，中途差点儿撞到路过的级长。她慌忙道歉，级长却没生气，只是扫她一眼，闲闲问一句："又去给端木送药啊？"

　　置身陡然蒸腾的高热中，夏风也不知自己回答了些啥，又是怎么落荒而逃的。反正，当她跑出校门，端木见到她的第一句话就是："你怎么又发烧了？"

　　"没没没没有的事，你不要管啦！"

　　再三确认她不是在逞强后，端木稍微放心。久违的，两人一起乘地铁回家。好久没见到他，夏风心里高兴，各种各样的事情说个不停。当他说要送她回家时，她也没有太在意，只是因为能和他多待一会儿而感到开心。

　　因此，当他送她到楼下，毫无征兆地说"我接下来都不会去学校了"的时候，她一下子有点儿蒙。

　　看到她的表情，他面露动摇，几番欲言又止，终于轻舒一口气，"我很想去A学院，因为喜欢古筝，还有……"更加漫长的沉默，最后被模糊的咕哝终结，"……其他的。"

　　"'其他的'是什么？"

　　"就、就是其他的！好了，就这样，我回家了。"

　　"不能告诉我吗？"

　　她受伤的语气令端木心跳漏拍，抬头却看见，她在笑。脸颊微微泛红，眼睛却异常明亮，像耀眼的星星，与那个晚上,她冲进音乐厅后台劈头问他拿药的时候,毫无二致。

这一瞬,心神微微摇颤。

没错,那个时候就该意识到的,为什么竟用了这么久呢?

像喜欢古筝一样,喜欢着的……你。

"我会等你的。"轻轻笑着,她说。

夏风的高中生活,在六月蝉鸣和四份散发油墨气息的考卷中落下了帷幕。交掉最后一科的试卷后,她一边开机一边奔出考场,找到端木的号码正要拨出去,远处忽传来一阵骚动。

接着,筝音传来。

幽雅、高远的旋律宛如一阵山风吹彻,吹散盛夏的暑热,许多正要离校考生为之止步。

阳光静稳,筝音流淌。像做梦一样,夏风分开人群,慢慢走向前。在越来越清晰的乐音中,近两年的时光开始倒流,停留在她永远不会忘记的那一天。

树影下,少年坐在古筝后方,衬衫袖子随意挽起,黑发白衣,目光如水,指下清音曳泻。一切仿佛都和那时候一样,唯独这回,他的音乐,只为一个人奏响。

时间似在这一刻定格。夏风伫立许久,才渐渐意识到,曲子已经结束了。

古筝后，端木抬眼朝她一瞥，一边撕下缠绕指尖的胶带，一边说："就当弥补你上次没听到吧。"

他的态度仿佛周围其他人都不存在一般。可是，夏风分明感受到了那些昔日同学们八卦的视线，耳朵不知不觉开始冒热气。啊，真是，这个人总是这样。至少，这一盘，她不想输。

定定神，她开门见山地问："刚才的，算是告白？"

"什——怎么可能？"端木刚取下来的琴码掉落在地。

"也就是说，以后会有正式的？"

"……不知道你在说什么。我回家了！"

端木气冲冲将古筝塞回琴袋，耳朵尖却红得可怕，头顶还炸起一簇毛，活脱脱就是被踩到尾巴的猫。见他这副模样，夏风终于笑起来，一下子轻盈起来的心情，像气球一样飘上盛夏的晴空。

——连同方才那一曲萦绕不散的《凤求凰》。

少年乘风远

时光太短，幸福很长

果舒

"这雨好大好大啊！"郦闾闾仰天长叹了一句，回头用深情款款的眼神凝视着，深深地凝视着眼前扎着马尾用手拨弄着雨伞的女孩儿。

"轰——"一记闷雷打下，天空抖了抖，雨下得更凶了。

"不要用那么恶心的眼神赤裸裸地看着我好吗？我鸡皮疙瘩都掉一地了，一个女孩子要矜持点儿嘛。我只有一把伞呀，这雨，你看，多大啊。"直刘海的女孩儿说着把手伸入雨中，"一下子就把我手打湿了，对没有伞的你，我真心地为你难过。"女孩儿用沉重的语气说着，用刚刚的湿手拍了拍郦闾闾的肩膀，继续拨弄手中的雨伞。

"哼！少来。"

"寒风刺骨，寒雨似冰！身体发肤受之父母，我这一淋雨肯定病，多对不起爹娘啊！就算林以晖在我面前走过我也不会有一丁点儿想与他漫步雨中的念头的。除非我傻了，否则我是不会把伞交予别人的。"女孩儿睁大着眼睛信誓旦旦地说。

"哎，那不是理科班的林以晖吗？下雨天跟喜欢的人撑一把伞多浪漫啊。"郦闫闫突然越过女生的肩膀叫到。

"在哪儿？在哪儿？"女孩儿瞬间转过头去来回张望，"这伞给你了，不用谢。"女孩儿把伞丢给郦闫闫，拔腿就向已经撑开伞的男孩儿奔去。

郦闫闫看着手中的雨伞与女孩儿狂奔的背影瞬间无语了，刚才是哪只说的傻了也不会把伞给别人，又是那只说了就算林以晖在眼前走过也不会想与他一起走的？

"闫闫，你这伞哪儿买的？真好看。"路过的同学大声问。

"白宋的。"

"质量那么好还是白送的？哪家店送的？下次带我去看看。"站在原地的郦闫闫。

她说这伞是白宋的，没错啊，咋就扯上店了呢？

白宋一踏入雨中就准确无误地找到了林以晖的方位，并迅速地钻进他的伞下。林以晖被从身后突然蹿出来的白宋吓了一跳，后者浑然不知尴尬地朝男孩儿露出开心的笑靥，"我是白宋。"

"我没伞，刚好我和你顺路我们就一起走吧。"白宋撒起谎来脸不红心不跳，郦闾闾在此应该会竖起大拇指夸赞一句：十足的演技派啊！

这都在雨中了，林以晖能拒绝吗？

当然不能啦！白宋为自己的聪明才智在心里默默地给自己点了个赞。

"你靠近点儿吧，别被雨淋湿了。"林以晖的口气里颇有些无奈。

"好啊。我听你的。"白宋往林以晖身边靠了靠，心里在呐喊着，好幸福呀！

"不需要靠这么近。"

"哦。"白宋嘿嘿一笑以缓解自己带来的尴尬，开始为独处找话题。

"林以晖，你是不是不开心啊？"

"下这么大的雨谁能开心？"

"哦。"白宋突然觉得自己很没脑筋，找了个这么烂的话题，"那我给你讲个笑话好了。"白宋自告奋勇道。

"《西游记》里有一回是真假美猴王，你一定看过吧？这两只猴子由于实在太像了谁也认不出来，最后打到如来佛祖那里去辨真假，如来佛祖拿出两个水果给他们挑，一个榴梿和一个桃子，你猜，真猴子会是选择哪个水果的？"

"猜不到对不对？那我来揭晓答案，噔噔噔噔，真猴子选择的是榴梿！"

"为什么呢？有王菲的《红豆》为证：'有石猴（时

候），有石猴（时候），宁愿选择榴梿（留恋）不放手'哈哈哈，很好笑对不对？"白宋自己笑到停不下来，而反观被逗的对象，比较下来是一脸的淡定。

"不好笑吗？可大家都觉得这笑话很不错的啊。"白宋收住笑声，一定是对方笑点太高了！白宋默默吐槽。

雨越下越大，下雨天会让人不开心吗？未必吧。至少对白宋来说不是这样的，她多希望，雨能把她们的脚步阻挡，多希望，到公交车站的距离远一点儿，多希望，她们能再走久一点儿。多希望……

"哈哈——"白宋突然笑了起来，"我刚才看见你笑了。"

"怎么了？"

"你笑了，这就说明我刚才说的笑话有作用啊，真的很搞笑对不对，我就知道。"

"大惊小怪。"

"哪有，你真的不常笑。"像个面瘫。

很多时候，白宋都认为林以晖是个面瘫患者，面无表情，面无表情，任何时刻见到他，都是面无表情，哦，跟他的同伴们在一起时会笑除外。白宋一直想，要他笑一个有这么难吗？

实践证明，很难！真的很难！或许林以晖这么多年习惯了不喜欢笑了吧，一个能让白宋笑到肚子抽筋的笑话，林以晖听了也只是轻轻地浮起不易让人察觉的嘴角而已。但即使如此，对白宋来说，也是一个天大的鼓励。

少年乘风远

白宋喜欢让林以晖笑，因为自己让林以晖笑。

前脚刚到公交车站，后脚公交车就来了。

"怎么这么快啊？"白宋嘴里嘟囔着，以往都要等个五到十分钟才到的公交车今天怎么就怎么早就来了呢？

难怪高尔基说，生命中遇到的一切美好的东西，都是以秒计算的。

"我先走了。"

"哎！"白宋拉着林以晖，"那个，要是有女孩子说没伞要跟你一起走什么的话，其实都是骗人的，你可不要上当，要狠狠拒绝。"

"扑哧……"林以晖难得绽放了一个大笑靥，把白宋都看呆了。

"我想再没有女孩子的脸皮和你一样厚了吧？"林以晖笑着上了车。

今天的天气真是糟糕透了，闷雷一直响，等车的好几个人都在埋怨着。可白宋怎么觉得，今天天气怎么如此美好呢？要是天天这样该多好！

但白宋开心没多久，在她面前现在正摆着一个大问题。

这不是她回她家来的车的车站，她的车站在相反方向！还有，她刚才把伞丢给了同桌郦阆阆！所以，她该怎么办呢？

"一——二——三——跑！"

狂奔吧，少女！

一只狗狗的自白书

骆　可

我叫乐乐。

听起来有些傻对吧？可隔壁住着个比我更没性格的家伙，欢欢。什么嘛，简直不利于泡妞嘛！

是谁说的，我们可以信命，便绝不能认命。所以，在小主人喊我乐乐时，我装起了大尾巴狼。任凭她连哄带骗，我就是不理她！而且立场特坚定，大义凛然的样子特威风悲壮！

可小主人也真不是盖的，从此以后改叫我笨蛋！一会儿问笨蛋你吃饭了吗？一会儿说笨蛋你该洗澡了。真是的，没看过笨蛋有长我这么英俊的。

于是，我恬不知耻地向她摇尾乞怜，还是叫我乐乐好了。唉！

隔壁住的那家伙真让人讨厌！

听说想当年泡妞很有一套，不过看起来很白痴的样子。毛松松垮垮地趴在身上，两只眼睛黯淡无光，脾气暴躁，有事没事总穷嚷嚷，而且似乎对我新交的女友啾啾很不满意。

啾啾是一只白色鸳鸯眼的母猫，整天拖着慵懒的身姿在地板上走来走去，然后眯着眼冲我暧昧地叫，叫得我恨不立马亲她一个。

可欢欢那家伙每次都坏我好事，甚至有一次在我和啾啾偷偷幽会时，出其不意地把啾啾一身白毛咬成了鸡毛掸子。弄得我当时就想揍他，可就怕打不过他。

更让人忍无可忍地是，为了谄媚小主人，他竟然两只前脚抬起，把屁股坐在地上走路！简直丧心病狂。

然而在一瓶陈醋应声落地后，啾啾被小主人把四条脚绑起来捆得像个粽子似的吊了一个上午。欢欢那老男人在那儿笑得差点儿肌肉痉挛。

英俊潇洒，智勇双全，天下无双的无敌帅哥——我，在凛冽的寒风中露出忧郁的目光。啾啾那高傲的身段此时像腊月里晾在外面的五花肉，风干、消瘦。于是乎，我决定带着啾啾私奔！

晚饭前，我偷偷在欢欢那家伙的碗里放了些治疗失眠的特效药，欢欢便睡得扁抽抽不省人事。我在救下啾啾的同时，在他那皮肤明显老化的身上狠狠踩了两脚，我早就看他不顺眼了，只是苦于没有机会下手。

离开了那个牢笼，我和啾啾像放飞森林的小鸟般自由翱翔。可是，没过两天，危机就出现了。因为出逃前，我和啾啾随身带的那点儿干粮早就吃完了，啾啾拖着困顿的身子紧挨着我蜷缩在大街上。

我们成了流浪者。

原来，有时爱情是不能当饭吃的。当啾啾明白这一点时，我们已经一个星期没有吃东西了。

当我和啾啾眼看就要饿死街头时，一个马戏团收留了我们。从此以后，我干起了跑龙套的行当，啾啾则做起了女招待，有时人手不够也临时客串把无关紧要的小角色。我以为日子便会这样悄无声息一直下去，直到那个有着英国血统的警犬哈利贝克的出现。

其实，很多事情发生前都会有某些玄机的暗示。

像啾啾忽然间烦躁起来。

她常对着台上那些穿着华贵服饰的狐狸小姐心生感叹，暗自垂泪。我知道，我没能力给她想要的那种生活，害得她那原本细滑的小手明显粗糙起来，甚至有一次在给我挠痒时抓破了我的后背！而我当初以为，有了我对啾啾的爱就够了。

哈利贝克有着纯正而高贵的血统，受过良好的教育，是名副其实的海归派。看着啾啾望他时那种期盼的眼神，我知道有些东西正在慢慢向我离去。

后来，我和那比我大好几倍的傻大个儿结结实实干了一仗。当然，我也被人结结实实揍了一顿。然后，在一片尖叫声中看到啾啾奔向了那个死混蛋。

我彻底失恋了。在我抛弃了家，抛弃了小主人，抛弃了欢欢那家伙后，我失恋了。

我知道我是自作自受！

我离开了马戏团，到处乞讨为生，结果被一群小混混围攻。这时，一个蒙面大侠从天而降。

我稀里糊涂地被人揍，又稀里糊涂地被人救后，伏在蒙面人的背上无比伤感。此时，我是多么想念家，想念小主人和欢欢啊！虽然那家伙长得真不讨人喜欢。

就在这时，那个蒙面人一把把我扔到地上。然后，忽一下扯下面具，露出阴森的笑，"小样儿，我终于找到你了！"

看着欢欢那张明显欠揍的脸，我号啕大哭起来。

螃蟹抱着南瓜睡

倩倩猪

开往凤凰的大巴

周六的清晨，阳光透过卧室玻璃上的窗花折射在我的床上，我眯了眯眼翻了个身继续睡觉，突然，楼下响起大巴的喇叭声。

"开往凤凰的大巴十分钟后准备出发啦！"司机响亮的声音回荡在整个小区的街道上，我一下子从睡梦中惊醒了过来，迅速地起床，然后刷牙洗脸，最后背着个双肩包嘴里含着一片土司出了门。

还好赶上了。我上了大巴以后发现车上人满为患，只有最后一排还有个空位，旁边是个正在补觉的男生，于是不情愿地走了过去。

大巴启动引擎出发，一路上，车上的旅客叽叽喳喳地在聊天，商量着到了凤凰以后的行程安排。

我望着窗外移动的景色，心情依旧不怎么美丽。因为上周的模拟考试没有考好，只有体育课的跆拳道是优，而我的对手姜琳却考出了一个好成绩。

于是爸爸给我报了周末去凤凰的旅行团，希望我散散心，没想到在大巴车上居然认识了付子瑜。

付子瑜就是坐在我旁边补觉的男生，他睡了一会儿就被车上叽叽喳喳的声音吵醒了，最后干脆摘了盖在脸上的棒球帽坐了起来，我这才看清楚他的脸，是个好看的男生。

被付子瑜发现我偷瞄他后，我迅速地扭过头，视线紧紧地锁定在窗外，脖子都别的快抽筋了。而他却像一只猴子一样歪戴着棒球帽，一脸好奇地看着我，"你是夏安安？"

我惊讶得下巴都快脱臼了，一秒钟转过头看着他，不可置信地点了点头，然后又摇了摇头，最后只好问他："你到底是谁？怎么知道我的名字？"

"我是付子瑜啊。"付子瑜报出了他的名字，那口气好像不认识他都是我的错一样。

我在脑海里迅速搜索了一遍可能认识的所有名字，最后才发现，原来他就是那个每次考试都排在年级第一名的人。

凤凰并不远

大巴上没有专业的导游，司机说他们公司规模越来越大，接的团越来越多，但是导游人数就那么几个，分配不过来。

司机是个二十出头的小伙子，别看他年纪不大，驾龄已经有好几年了。车上叽叽喳喳的闲聊过后便是一片寂静，于是司机就担当了导游的角色，给我们讲幽默的笑话，说他拉过最奇葩的旅客，最后领着我们唱起了流行歌曲。

跟着我，左手右手一个慢动作，右手左手，慢动作重播……

一唱歌我就发现，付子瑜的乐感很棒，他的声音婉转动听，像极了王源的薄荷音。但这个薄荷音少年却没有王源那么讨喜，刚唱完就给我讲起了学校里的这次模拟考。

付子瑜兴奋地告诉我，这次的模拟考试还真是幸运，他本来这个月生病了好几次，好多功课都落下了，多亏了他的同桌在新华书店里买了一套模拟习题，没想到撞了百分之八十多的考题。

我听得食不知味，看着付子瑜的嘴巴一张一合的，完全不想听他究竟说了什么。我出来散个心容易吗，还非得遇上个同校的同学跟我聊我的痛处。末了，付子瑜还问我："夏安安，你这次模拟考考得怎么样？"

"……还……还好。"此刻，我想死的心都有了。

和付子瑜慢慢熟悉了之后，我才知道他嘴里的同桌就是我最讨厌的姜琳，最可恶的是，接下来一路上他光夸着姜琳。可是他哪里知道，姜琳在小学的时候就和我有过矛盾，曾经通过各种小手段和小阴谋成功地让我成为老师眼中的坏学生。

我讨厌姜琳，大概是晕轮效应吧，对付子瑜也没什么好感。

江水有多深

到了凤凰后，我背着双肩包独自下了大巴，一个人打算游览下凤凰城。没想到付子瑜马上跟了过来，一边跑一边整理着他的棒球帽，最后堵在了我的面前，气喘吁吁地看着我，说："夏安安，你属兔子的呀，跑那么快干吗，我们可以同行。"

"我不想和你同行。"我眼睛不眨地回道。

"为什么啊？"付子瑜显然有点儿吃惊，按照在大巴上的相识，以及后来的聊天，他觉得我们应该算是朋友了。

"我不喜欢姜琳，我也不希望我的旅途再和她扯上什么关系。"我直白地告诉了付子瑜原因，不想他继续跟着我夸着姜琳如何如何的好。

"这样啊。"付子瑜似懂非懂地点了点头，然后话锋一转，"那我保证这一路不会再提姜琳一个字，你还是和我同行吧，我之前来过凤凰，我可以当你的小导游。"

我说不过付子瑜的巧舌，最后勉为其难地让他当起了我的导游。付子瑜对这里很熟悉，带着我游览了整个凤凰城，但我一点儿也不开心，这里的商业气息太浓了。

但是付子瑜却一点儿也不介意，他说时代在发展，小城商业化是必然趋势。他带着我买各种小吃，苗家香草肉，土家香酥条，香豆腐，葛根饼，而我则爱上了那道螃蟹南瓜汤。

吃完饭以后，付子瑜带我随便逛了逛，然后去了沈从文先生的墓地拜祭。在墓地旁边有个山中的小洞，一条小小的缝隙，坐在石凳上吹着凉丝丝的风简直美呆了，这里被当地人称作天然空调小洞。

玩到最后，我竟然在凤凰遇见了姜琳，世界居然这么小。

姜琳看到我和付子瑜走在一起，自然也是讶异的，她穿着某品牌最新款的连衣裙招摇地过来和我们打招呼，"嗨，付子瑜，你怎么和夏安安一起来的凤凰？"

"大巴上刚认识的。"付子瑜脸露难色，尴尬地看着我和姜琳。

我没打算搭理姜琳，转身刚准备迈开脚步就听到姜琳在我身后对着付子瑜说："付子瑜，你还不知道吧，夏安安这次模拟考考得可糟糕了。他爸爸特地给她报了旅行团让她出来散散心，你可得好好开导开导她，就一次考试而已千万别想不开……"

毫无例外地我们吵了起来，最后我终于怒了，正准备一脚把姜琳踹到江里，没想到付子瑜却看出了我的想法，挡在了我面前，于是我一脚把付子瑜踹到了江里。

南瓜不长在树上

付子瑜掉进江里之后，我就后悔了，站在岸边急得直跺脚，水里却突然冒出来一个脑袋，原来付子瑜会游泳啊！他爬上岸后浑身湿透了，头发上还哗啦哗啦地滴着水珠，看着我也没有生气，依旧是一张笑脸，他说："夏安安，我得马上换一身衣服，要不又得生病了。"

我连忙说好，陪着付子瑜去买了一身新衣服，姜琳也不知道什么时候离开了。她可真是我的霉星，见到她准没好事。

看着我闷闷不乐的样子，付子瑜提议带着我去凤凰周边的山村，说那里很棒，自然景物全是原生态的，还有不同的果树上长满了鲜美的水果。

到了山村之后，我发现这里虽然好，但是却没有螃蟹南瓜汤。

付子瑜为了逗我开心，苦思冥想了很久才想到了一个好主意，带着我去附近的小河边抓螃蟹。

河边的水流清澈见底，付子瑜撸了裤子就下去了，抓起螃蟹来手到擒来。但有的螃蟹很狡猾，也会让付子瑜手足无措，吓得惊起一片水花，我站在岸上也忍不住笑出声来。

"喂，夏安安，你怎么不下来，这里的水很浅的。"付子瑜双手各拿着一只螃蟹向我招手，我下意识地退后了一步，声音都变得弱了下来，我说："我怕水，还是站在上面好了。"

付子瑜见我不能下水玩耍，也不想我干站在上面无聊，于是指了指不远处的蔬菜地，大声地冲我喊道："夏安安，那里就有南瓜，你去摘一个回来，晚上我们就吃螃蟹南瓜汤。"

蔬菜地看着并不远，可是却被一条小溪隔绝了去路，要到达那里还需要绕一点点路。我凭着自己不太准的方向感找了过去，结果却误入了果园。

果园里有很多水果树，饱满的樱桃结满了整个树枝，琵琶果子也是亮晶晶地挂在了树上，我一路寻找着，哪棵树上会结着硕大的南瓜呢？

突然身后响起一声狗吠，我转过身就看到一个陌生的男人牵着一只狗生气地盯着我。我想解释什么，偏偏我又不会方言，最后被当成小偷抓了起来。

最好的螃蟹南瓜汤

陌生男人就是这家果园的主人，他上下打量了我很久，然后噼里啪啦地说了一大堆话，无奈我却听不太懂，只能用普通话告诉他："叔叔，我不是小偷，是我朋友让我过来摘一个南瓜的。"

原来，付子瑜在我的心里面已经被定义成朋友了，可是他现在在哪里呢？

听了我的解释，陌生男人让我坐在他家的小院里，继续说了一堆我听不太懂的方言，我看着绑在一边不停冲我叫的狗，心里无助极了。

就在我一筹莫展的时候，付子瑜抱着两个南瓜，背着一篓螃蟹走进了果园，这才知道原来都是一场误会。而更让人尴尬的是，这个陌生的男人，还是付子瑜的大伯，付子瑜告诉我，刚刚有人通知他大伯说果园进了小偷，没想到竟抓住了我。

我听完后，还是有点儿惊魂未定，要不是付子瑜及时出现，我有理也说不清楚了。可是又是谁喊的捉小偷呢？

付子瑜大伯知道我是付子瑜的同学后，笑眯眯地招待我，给我准备了一堆新鲜的水果，我看着他和那只狗，心里还是有点儿后怕，尴尬地道了声谢谢。

天气顿时晴朗起来，天上的白云一朵连着一朵，像极了在跳舞的棉花糖。我的心情也渐渐平复了，在小院里转悠了一会儿，付子瑜喊我说："夏安安，螃蟹南瓜汤做好了，快来尝尝我大伯的手艺。"

"嗯。"我一路小跑过去，看着桌上卖相极佳的螃蟹南瓜汤都有点儿开始咽口水了，付子瑜大伯给我盛了一碗，我喝了一口汤汁，马上赞不绝口道："真好吃，比凤凰城那家的还好吃。"

付子瑜笑着让我多吃一点儿，这顿饭我吃得无比满足，这应该是我吃过的最好的螃蟹南瓜汤了，不仅仅是因为它鲜美的口感，更因为它是好朋友付子瑜亲自抓的螃蟹做成的。

饭后，我和付子瑜告别了他的大伯，准备返回凤凰城的旅行团去报到。我们在村口外，看到了扭伤了脚的姜琳。

螃蟹不相识

姜琳坐在村口的石头上，疼得龇牙咧嘴的，付子瑜丢下我忙上前查看了下她的状况，发现她的脚踝肿得像个大包子。付子瑜转过身看了看站在原地愣住的我，抱歉地说道："夏安安，我们今晚不能赶回旅行团了，姜琳她的伤势挺严重的，必须送到大伯家让医生检查治疗一下。"

我虽然讨厌姜琳，但这种情况下，我也不能见死不救，于是我小鸡啄米似的点了点头。

付子瑜立马背起姜琳就往他大伯家跑，我跟在旁边也跑得飞快，生怕姜琳落下后遗症这辈子真的不能走路了。

在付子瑜大伯家，医生给姜琳做了检查，说她只是轻微的骨折，复位固定之后要好好休息，平时要多注意功能锻炼。

医生走后，姜琳坐在床上，脚踝包得像个大粽子，她看了看在一旁给她倒热水的我，小声地说道："对不起，夏安安，是我告诉付子瑜大伯果园有小偷的。"

"我知道啊。"我停下了手里的动作，从我在村口看到姜琳时我就知道是她，除了她没人会这么讨厌我千里迢迢还来陷害我，然后我的语气也变得不耐烦了起来，"姜琳，你现在就是自作自受……"

我的话还没有说完，付子瑜就走了进来，他拉着我说去给姜琳再抓几只螃蟹，晚上补一补。

通过付子瑜，我才知道，原来姜琳讨厌我仇视我，仅仅是因为小学的时候，我妈妈是老师，而她妈妈是学校的清洁工，所以她总觉得在我面前抬不起头来。付子瑜说我们就像两只骄傲的螃蟹，谁也看不起谁，一旦有机会，就用自己的大钳子深深地夹痛了对方。

从河边满载而归回来后，姜琳躺在床上已经睡着了，我看着她包着纱布的脚，突然有点儿小心疼。尽管我们之间的心结解开了，但我依然不高兴。

螃蟹抱着南瓜睡

天渐渐地暗了下来，每家每户都亮起了大灯，从远处看，真像一个一个的南瓜灯。

姜琳醒来后，一瘸一拐地下了床，说要来帮我们清洗螃蟹，谁知她刚伸手去抓螃蟹，就被螃蟹夹住了手指，哇哇大叫了半天。我一扭头，就看见付子瑜拿着相机走了过来，脸上挂着神秘的微笑。

当天晚上，借着姜琳的福气，我又喝到了螃蟹南瓜汤，然后姜琳抱着我，我抱着大南瓜满足地睡着了，我想从这以后，就再也没有什么烦恼了吧。

可是，我想错了。

开学第二天，朋友圈里又在疯传着一张照片，是我在付子瑜大伯家抱着大南瓜睡觉的那张图。

当时我盯着手机屏幕气得脸都白了，可这哪儿能难倒我呢？我立刻把姜琳被螃蟹夹到手指哇哇大叫的照片发到了网上。

上午最后一节课下课后，我火急火燎地走出了教室，就在走廊上碰到了同样匆匆忙忙走出来的姜琳，我们相视一笑，彻底放下了自己的恩怨。

"喂，姜琳，中午吃什么？"我摇了摇手里的饭盒，示意中午一起吃饭。

"那就——螃蟹南瓜汤好了。"姜琳冲我俏皮地一笑。

"食堂里可没有这个菜。"我撇了撇嘴，真想念凤凰的螃蟹南瓜汤。

而在食堂里，付子瑜则一脸苦瓜相地帮我们排队打饭。

少年乘风远

檐 萧

1

江舟舟做鬼都想不到有朝一日会和薛放有牵连。

提起薛放，全校无人不知，逃课成风，成绩垫底，坏学生的属性，他都具有。二班还有一句流传甚广的口号——流水的学渣，铁打的薛放。

十二三岁，都以成绩论英雄，所以他在学校独来独往，没什么朋友。

但此刻，同他一起被抓到的，还有三好学生，江舟舟。

办公室里，教导主任的脸黑如锅底，厉声质问她，为什么会和薛放一起翻墙？

江舟舟人如其名，胆小如远江孤舟。当下被这阵势吓到，带着哭腔含糊解释，自己真的只是恰好路过。

这么苍白的解释，显然没什么可信度。

薛放非常无语地看她一眼，漫不经心地开口："我不认识她，通宵太饿，看到有吃的，想抢来着。"

闻言，江舟舟手一抖，物证孤零零地躺在掌心，等待主人沉冤昭雪。

她平日表现太好，又没其他罪行，教导主任思前想后，放了她，但薛放被罚写检讨。如家常便饭，他浑不在意，吊儿郎当地走出办公室。

"喂。"走廊上，他回头喊她，似笑非笑，"有什么事推给我，反正你是被连累的，哭什么。"

"要你管。"她没好气地大声回击。

这个年纪很多女孩儿都已经出落得身材高挑，但她还是一颗瘦削的豆芽菜，想长高有什么错，跑步饿了啃口包子有什么错，偏偏他从墙头跳下来，非要摔在她面前。而她鬼使神差，愣愣地向他伸出手，他还没反应过来，就被逮个正着。

原以为事情告一段落，但这件事被好事者添油加醋，到处宣扬，两节课的工夫，全年级都知道了。

课间，三两女生凑在一起，讥讽江舟舟两面三刀，平时看着挺乖巧，居然会和男生去通宵。

趴在桌上睡觉的薛放不耐烦地皱眉，走过去愤愤地踹了桌子一脚。风贯窗而过，全班安静。

"烦不烦，要说滚出去说，吵到本少爷补觉了知不知道？"

粗暴的薛放像只狮子，武力英勇，没有人反驳。

逞完英雄，他又懒洋洋地趴回去。

坐在第一排的江舟舟，感激地看了他一眼。他在帮她解围，因为这样的谣言对他没有任何作用。

原来坏学生也有软心肠，她想。

而趴桌上的薛放并没有睡着。他脑海里想的，都是晨光熹微中，女生向他伸手的画面。傻傻的，但是善意的。

这几年，学校里所有人对他避之不及，她是第一个在他摔倒时主动将手递给他的女生。

日光和煦，天空湛蓝，确实要载入史册，年度美好一天。

2

体育课向来是豆芽菜江舟舟的短板。

长跑结束，自由活动，其他人都围在篮球场边，男生耍帅，投篮的姿势刻意又流畅，女生在旁大声欢呼，唯独江舟舟气喘吁吁，坐在树荫下恢复。她体质差，比同龄人都要矮，要不是成绩拔尖，肯定要遭人嫌弃。

眼前出现一瓶矿泉水。看到薛放，江舟舟下意识往后躲。

他对她的歧视毫不在意，依旧笑得没心没肺，"没毒，喝吧。"

就这样随意丢在她脚边。

江舟舟看着他走远，明明蓝白校服很丑，可他被风掀起的衣角，像天边随性的云。

好像，大概，他也没有别人说的那么坏啊。

紧接着，薛放就向她力证这一观点的精准性。他这种一年交两次作业的人，忽然主动交了数学本。江舟舟看到那个写得歪歪扭扭的名字时，怀疑天有异象。翻开来看，更是一片飘红。她撇撇嘴，把自己的解题步骤抄写一份，夹在他书中。权当报答他的"瓶水"之恩。

薛放坐没坐相，趴在桌上，看她的身影在各处挪动，就快到他了，他这十几年，第一次生出这种像期待的心情。

每个阶段的岔路口，总有一个契机出现，促使你选择怎么做。江舟舟就是他的契机，他想引起父母注意的叛逆行为，终结在她腼腆的笑容里。

江舟舟回头时，刚好和他的眼神撞上，她扬起他的课本，像抛物一样远远丢过来，他懒洋洋地伸手接住。

江舟舟弯弯的嘴角，有一个好看的弧度，薛放居然觉得那个动作有点儿小帅。

一来二去，他们的交流像秘密，藏在一方纸页中，彼此心照不宣。

意外来得猝不及防。

那日自习，薛放踩着铃声走进教室，看到江舟舟桌前站着一个男生。

他没在意，趴回桌上闲闲地翻书，明明教室嘈杂，但他还是听到那声坚定的，不给。

拒绝得这么生硬，几乎毫不留情，好学生的直白世界。薛放莫名有点儿想笑。

"借我抄下又不会死，你至于这么严防死守嘛？"男生不甘心，而江舟舟自始至终没松口。

他气急败坏，大声嚷出："你说不给任何人抄作业，那薛放的小抄是谁给的？"

"关你什么事？"江舟舟气红了眼。事实上，她的词汇应用在考试绰绰有余，但吵架的随机应变远远不足。

秘密公布于众，江舟舟为了避嫌，杜绝和他的接触。薛放知道，她这样胆小的女生，在班级本就没什么存在感，如果被臭名昭著的他连累，害她被孤立，那就不好了。他自嘲地笑笑，可想想还是有点儿心塞。

更坏的事是，次日一早，江舟舟到学校，听说薛放又闯祸了。

昨晚放学路上，很多人都看到他和男生打架，对方被他打得鼻青脸肿，伤痕累累。

而那个男生，就是白天借江舟舟作业的人。他指责薛放是为了替江舟舟出气。教导主任的办公室，薛放听到他这样胡说八道，恶狠狠地冲他扑过去，被人死命拦住，紧接着，他被呵斥，在请家长和退学之间作决断。

江舟舟在走廊上问他："为什么又要打架？"

"不关你的事。"他冷冷地回击。

离校前，薛放还在江舟舟无可救药的眼神里，威胁那个男生，为了坐实罪名，以后见一次打他一次。

江舟舟推翻之前所有猜想，觉得脑回路被雾霾堵塞，才会觉得他还有救。她在班上岌岌可危地存在，受到事件冲击，愈受冷落。

而薛放停课一周后，安然无恙地坐回了教室，不知道他和学校达成什么协议，从此洗心革面，积极学习。他望着江舟舟挺直的背脊，欲言又止。但她对他再也没好脸色。

她一个人的冷落，却比之前受到的所有漠视，都让人难过。

3

日光炽热的夏季，迎来初三。

江舟舟依旧是稳居神坛的女学霸，但豆芽菜的身型依旧没什么突破。她可以算出试卷最后一道大题，可以背出数不清的唐诗宋词，却左右不了她的身高，也不能被所有人喜欢。

薛放短短半年，从最后一排，挪到第四排。他本就生得一副好相貌，如今有了说过得去的成绩，让许多人对他另眼相看。有人邀他一起打篮球，有人邀他周末看电影。他有时去，有时拒绝，更多的时候，远远地喊一声江舟舟的名字，问她要不要去？

江舟舟决然地摇摇头。

他远比她预料中优秀，他的进步有目共睹，但说不清为什么，她并不想接受他类似的同情。感觉像他们曾共同经历一段被孤立的时光，但他忽然之间，被人喜欢了，也有了新的朋友，而她早在半途松开了他的手，于是后来只能遥遥站在人群外，赌气地看着他众星捧月。

中考前一日，放学前薛放喊住她，却又迟迟不说什么，他手抓了抓脑后，最后干巴巴地说："江舟舟，明天要加油啊。"

"哦。"她低声答，"你也是。"

可次日清早半路，她的车子半途出状况，恰巧被特意跟在她身后的薛放捡到。

薛放得意扬扬，半途喊她："喂。"

"干吗？"她坐在后面，没好气地问。

薛放递给她一盒牛奶，"你以前说的，被B大附中录取就和好，算不算数？"

"哦。"她闷闷地说。

薛放不满这个含糊的回答，到了考场又追问她，像执意要糖的小孩儿。

"算算算。"江舟舟拖着长调，满是敷衍，说完忽然自己先笑了。

毕业那天，当初要抄她作业的男生，居然和薛放握手言和，简直活久见。

而那个男生磨磨蹭蹭，最后踱步到江舟舟面前，跟她道歉。

"对不起啊，以前对你怀恨在心，想撕你的书本，后来薛放看到阻止了。"男生一脸真诚，没有得到相应地回应，不满的叫嚣，"唉，一笑泯恩仇，你好歹给个笑脸好不好？"

江舟舟正愤愤地瞪着薛放。

薛放缩缩脖子，硬着头皮走过来，强颜欢笑，"庆祝一下嘛，以后还是校友。"

"好啊好啊。"一屋子同学纷纷围过来，七嘴八舌商讨去哪里庆祝，薛放拽着江舟舟的衣袖不放。像最初晨光那日，她向他伸手那样，而手心除了传递温度，还可以推开一个充满善意的新世界大门。

江舟舟看着少年执拗的模样，忍不住弯了弯嘴角。目视前方的少年，心照不宣笑笑。

某人发现新大陆，发出一声惊叹，唉，细看我们女学霸笑起来蛮温柔的嘛。

被一路追打。